KB116662

うきうき
우키우키
일본어 작문
초급

우키우키 일본어 작문 초급

지은이 윤선경
펴낸이 임상진
펴낸곳 (주)넥서스

초판 1쇄 발행 2007년 1월 25일
초판 8쇄 발행 2010년 1월 25일

2판 1쇄 발행 2010년 4월 25일
2판 6쇄 발행 2016년 1월 5일

3판 1쇄 발행 2016년 12월 5일
3판 14쇄 발행 2024년 3월 20일

출판신고 1992년 4월 3일 제311-2002-2호
주소 10880 경기도 파주시 지목로 5
전화 (02)330-5500 팩스 (02)330-5555

ISBN 979-11-5752-963-6 13730

저자와 출판사의 허락 없이 내용의 일부를 인용하거나 발췌하는 것을 금합니다.
저자와의 협의에 따라서 인지는 붙이지 않습니다.

가격은 뒤표지에 있습니다.
잘못 만들어진 책은 구입처에서 바꾸어 드립니다.

이 책은 『처음 시작하는 일본어 작문 초급』(2010)의 개정판입니다.

www.nexusbook.com

NEW うきうき
우 키 우 키

일본어 작문

초급

윤선경 지음 · 고마츠자키 유키타카 감수

넥서스 JAPANESE

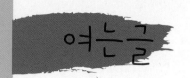
여는글

우리가 보통 외국어를 잘한다 잘 못한다고 평가할 때 그 기준이 되는 것은 거의 그 사람의 회화능력일 것입니다. 그래서 누구나 문법을 빨리 마스터하고, 회화반에 들어가길 원합니다. 하지만 정작 회화반에 들어가게 되면 단어는 물론, 그동안 공부했던 문법도 생각이 나질 않고, 한 시간 동안 몇 마디밖에 말할 기회가 없는 회화 수업을 통해 외국어 실력을 키운다는 것이 그리 쉽지 않다는 것을 알게 됩니다.

자, 그럼 빠른 시일 내에 확실한 외국어 실력을 갖출 수 있는 방법은 무엇일까요?

그것은 바로 작문입니다.

하지만 대부분의 사람들은 이 작문에 대해 잘못된 인식을 가지고 있는 듯합니다.

혹시 여러분도 작문하면 딱딱하고 재미없는 쓰기를 생각하거나, 중급 이상의 실력이 되어야 할 수 있는 어려운 것이라고 생각하고 있지는 않으세요? 이 작문이야말로, 회화의 그림자와 같은 것으로 실제 빠른 기간 내에 외국어를 마스터한 사람들이 입을 모아 추천하는 학습 방법 중의 하나입니다.

그럼 작문 학습을 어떻게 해야 일본어를 정복할 수 있는지 말씀드리겠습니다.

능숙한 회화실력을 키우기 위한 작문 학습의 요령

1. 회화란 먼저 자신의 의견을 상대방에게 전달하는 것입니다. 그러기 위해서는 자신이 알고 있는 단어와 문법으로 문장을 만들 줄 알아야 합니다. 딱딱한 신문 사설이나 소설과 같이 어려운 문장이 아닌 일상회화에 필요한 기초 표현들을 많이 작문해 보세요.

2. 작문을 한 후에는 그것을 반드시 큰 소리로 읽는 연습을 해 보세요. 여기서 중요한 것은 꼭 소리를 내서 읽는 것입니다. 자신의 목소리이지만 리스닝 훈련이 되거든요.

3. 끝으로 눈으로는 한국어 문장을 보면서 입으로는 일본어로 말하는 연습을 하는 것입니다. 표현능력이란 머릿속에 떠오르는 한국어를 빠른 순간에 일본어로 표현하는 것이므로 이와 같은 연습을 통해 보다 확실한 회화실력을 키울 수 있습니다.

이와 같은 방법으로 기초부터 작문 연습을 하다 보면 읽기와 쓰기는 물론 말하기, 듣기까지 완벽한 일본어 구사력을 갖출 수 있을 겁니다.

일본에 온 지 아직 2년이 채 안 되었을 때 간혹 제가 한국인이라고 하면 놀라는 일본인들이 있었습니다. 제가 일본 유학을 하지 않고도 일본어를 마스터할 수 있었던 것은 바로 이와 같은 작문 학습 때문이었습니다.

그래서 전 이번에 여러분들이 이와 같이 기초부터 작문 훈련을 할 수 있도록 짧은 미니 드라마를 만들어 보았습니다.

우연히 메일 친구가 된 한국인 청년 박상우 군과 일본의 커리어우먼 나오미 씨가 주고 받는 메일을 통해 일본어의 기초문법에서 일상 회화에 필요한 표현까지를 작문할 수 있도록 꾸몄습니다.

재미있는 스토리 전개를 통해 딱딱한 문법 포인트가 실제 회화에 어떻게 연결되는지를 학습하는 데도 효과적일 것이라고 생각합니다.

요즘은 인터넷을 통해 얼마든지 일본인 친구를 만날 수 있는 좋은 환경에 있습니다. 국내에서 일본어를 공부하면서 일본인 메일 친구가 한 명쯤 있다는 것은 어설픈 유학보다 훨씬 안전하고 확실한 일본어 마스터 방법일 수 있습니다.

아직 자신만의 효과적인 일본어 학습 방법을 찾지 못했다면 한 번 시도해 보세요.

여러분도 박상우 군처럼 확실한 훌륭한 실력과 멋진 메일 친구를 모두 얻을 수 있을 겁니다.

끝으로 감수를 맡아 주신 고마츠자키 선생님과, 예쁜 책이 될 수 있도록 도와주신 넥서스 편집부에 깊이 감사드립니다.

이 책의 구성과 특징

Mail 1 　彼女の名前は伊藤なおみ の... 11

Mail 1

彼女の名前は伊藤なおみ
그녀의 이름은 이토 나오미

こんにちは。
私は伊藤なおみです。
血液型はA型で、星座はおとめ座です。
韓国が大好きです。
韓国人のメル友がほしいです。
それでは、メールください。

안녕하세요.
저는 이토 나오미입니다.
혈액형은 A형이고, 별자리는 처녀자리예요.
한국을 아주 좋아해요.
한국인 메일 친구가 필요합니다.
그럼, 메일 주세요.

퀴즈

Q. 오후부터 밤까지 편의점 아르바이트를 시작했다. 편의점에 도착했을 때「こんにちは」라고
인사하면 될까?

A. ×

▶ 오후부터 영업을 시작하는 곳에서는 오후라도「おはようございます」라고 인사를 한다. 왜냐하면「おはよう
ございます」는 '일찍 나오셨군요'라는 뜻도 있기 때문입니다.

Mail 1 彼女の名前は伊藤なおみ 11

Mail

본 학습에 들어가기 전 나오미 씨로부터 받은 메일을 읽으면서 앞으로 배울 문법 사항을 대강 살펴본다.

Point 1

□ おはようございます。 안녕하세요. (아침 인사)
□ こんにちは。 안녕하세요. (점심 인사)
□ こんばんは。 안녕하세요. (저녁 인사)

일본은 아침, 점심, 저녁 인사가 각각 다르다. 아침 인사「おはようございます」는 친한 사이에서는 줄여서「おはよう(안녕)」라고 하고, '안녕히 주무셨어요, 잘 잤어요'라는 표현으로도 사용할 수 있다. 점심 인사「こんにちは」와 저녁 인사「こんばんは」는 끝에 붙은「は」를 /wa/로 발음하는 것에 주의하자. 인사말은 통째로 암기하자.

■ □ 작문해 봅시다

1. 안녕하세요. (점심때 길에서 선생님을 만났을 때)

2. 안녕히 주무셨어요. (아침에 일어나 부모님께 인사할 때)

3. 안녕! (아침에 친구를 만났을 때)

4. 안녕하십니까. (아나운서가 저녁 뉴스를 시작할 때)

12

작문 Point

작문에 필요한 문법을 예문을 들어 설명한다. 연습문제를 통해 한국어 문장을 일본어로 작문해 본다.

특별부록

워크북 무료 제공(PDF파일)

www.nexusbook.com에서
도서명으로 검색하여 다운받으세요.

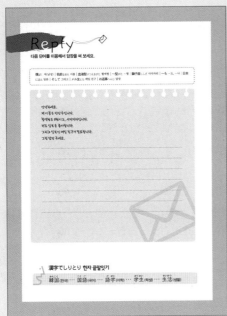

Reply

본문에서 배운 문법과 주어진 어휘들을 가지고
받은 메일에 대한 답장을 직접 써 본다.

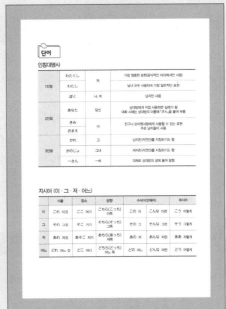

문법·단어 폴더

작문에 필수적인 문법과 단어들을 보기 쉽게 정
리하였다. 이것만 외워 두면 작문이 훨씬 수월할
것이다.

차례

PROLOGUE

일본어 공부를 시작한 지 얼마 되지 않은 상우 씨.
점점 재미있어지는 일본어를 꼭 마스터하겠다고 결심한 상우 씨는
J-pop을 들으며 하루를 시작하고, 일본 드라마를 보며 잠자리에
들 만큼 요즘 일본어에 푹 빠져서 산다.
오늘도 상우 씨는 일본 관련 사이트를 여기저기 웹서핑하고 있었다.
우연히 들르게 된 메일 친구 사이트.
'메일은 아직 무리겠지…….'
이동 버튼을 클릭하려는데 그의 눈에 들어오는 이름 하나.
그녀의 이름은 이토 나오미!

Mail 1 — 彼女の名前は伊藤なおみ
그녀의 이름은 이토 나오미

こんにちは。

私（わたし）は伊藤（いとう）なおみです。

血液型（けつえきがた）はA型（がた）で、星座（せいざ）はおとめ座（ざ）です。

韓国（かんこく）が大好（だいす）きです。

韓国人（かんこくじん）のメル友（とも）がほしいです。

それでは、メールください。

안녕하세요.
저는 이토 나오미입니다.
혈액형은 A형이고, 별자리는 처녀자리예요.
한국을 아주 좋아해요.
한국인 메일 친구가 필요합니다.
그럼, 메일 주세요.

 퀴즈

Q. 오후부터 밤까지 편의점 아르바이트를 시작했다. 편의점에 도착했을 때 「こんにちは」라고 인사하면 될까?

A. ×

▶ 오후부터 영업을 시작하는 곳에서는 오후라도 おはようございます라고 인사를 합니다. 왜냐하면 おはようございます는 '일찍 나오셨군요'라는 뜻도 있기 때문입니다.

□ **おはようございます。** 안녕하세요. 〈아침 인사〉
□ **こんにちは。** 안녕하세요. 〈점심 인사〉
□ **こんばんは。** 안녕하세요. 〈저녁 인사〉

일본은 아침, 점심, 저녁 인사가 각각 다르다. 아침 인사 おはようございます는 친한 사이에서는 줄여서 おはよう(안녕)라고 하고, '안녕히 주무셨어요', '잘 잤어요'라는 표현으로도 사용할 수 있다. 점심 인사 こんにちは와 저녁 인사 こんばんは는 끝에 붙은 は를 /wa/로 발음하는 것에 주의하자. 인사말은 통째로 암기하자.

■ □ 작문해 봅시다

1. 안녕하세요. (점심 때 길에서 선생님을 만났을 때)

....

2. 안녕히 주무셨어요. (아침에 일어나 부모님께 인사할 때)

....

3. 안녕. (아침에 친구를 만났을 때)

....

4. 안녕하십니까. (아나운서가 저녁 뉴스를 시작할 때)

....

～は・～が 〈주격조사〉

□ **～は ～です** ～은[는] ～입니다[～예요]
□ **～が ～です** ～이[가] ～입니다[～예요]

例 私はユン・ソンギョンです。 저는 윤선경입니다.
　 ユンが名字です。 윤이 성입니다.

일본어의 주격조사로는 ～は(～은/는)와 ～が(～이/가)가 있다. 이때 조사 は의 발음에 주의해야 하는데, は는 보통 단어 속에서는 はな(꽃)/hana/, はは(어머니)/haha/와 같이 /ha/로 발음하지만, 조사로 쓰일 때는 /wa/로 발음한다. 그리고 ～です는 명사를 공손한 표현으로 만들어 주는 '～입니다'에 해당하는 어미이다.

■ □ **작문해 봅시다**

> **私**(わたし) 나 | **韓国人**(かんこくじん) 한국인 | **彼**(かれ) 그 | **鈴木**(すずき)**さん** 스즈키 씨 | **これ** 이것 | **本当**(ほんとう) 정말 | **料理**(りょうり) 요리 | **趣味**(しゅみ) 취미

1. 나는 한국 사람입니다.

   ....

2. 그가 스즈키 씨입니다.

   ....

3. 이것은 정말입니다.

   ....

4. 요리가 취미입니다.

   ....

～の ① ～의
② ～의 것
③ 명사와 명사 사이에 넣음

例 私の本 나의 책

私の 나의 것

日本語の本 일본어 책

조사 の는 우리말 '～의', '～의 것'으로 해석된다. 주의해야 할 것은 ③의 경우인데, 우리말은 '일본어 책'이라고 할 때 '일본어'라는 명사와 '책'이라는 명사를 그냥 붙여서 표현을 만들지만, 일본어는 앞의 명사가 뒤의 명사를 꾸며 주는 경우 명사와 명사 사이에 꼭 の를 넣는다.

■ □ 작문해 봅시다

彼(かれ) 그 | 名前(なまえ) 이름 | パク・サンウ 박상우 | 私(わたし) 저 | 友達(ともだち) 친구 | 日本人(にほんじん) 일본인 | 彼女(かのじょ) 그녀 | 英語(えいご) 영어 | 先生(せんせい) 선생님 | あれ 저것 | 鈴木(すずき)さん 스즈키 씨

1. 그의 이름은 박상우입니다.

....

2. 저의 친구는 일본 사람입니다.

....

3. 그녀는 영어 선생님입니다.

....

4. 저것은 스즈키 씨의 것입니다.

....

～は～で、～は～です   ～은[는] ～이고, ～은[는] ～입니다

예 これは牛肉(ぎゅうにく)で、それは豚肉(ぶたにく)です。 이것은 쇠고기이고, 그것은 돼지고기입니다.

'～이고', '～이며'라는 연결의 표현은 명사 다음에 で를 붙이면 된다.

■ □ 작문해 봅시다

> これ 이것 | 水(みず) 물 | それ 그것 | お酒(さけ) 술 | こちら 이쪽 | 部屋(へや) 방 | そちら 그쪽 | お風呂(ふろ) 욕실 |
> 彼(かれ) 그 | 俳優(はいゆう) 배우 | 彼女(かのじょ) 그녀 | 歌手(かしゅ) 가수 | 趣味(しゅみ) 취미 | 運動(うんどう) 운동 |
> 特技(とくぎ) 특기 | 水泳(すいえい) 수영

1. 이것은 물이고 그것은 술입니다.

   ....

2. 이쪽이 방이고 그쪽은 욕실입니다.

   ....

3. 그는 배우이고 그녀는 가수입니다.

   ....

4. 취미는 운동이고 특기는 수영입니다.

   ....

～が大好きです ～이[개] 너무 좋아요, ～을[를] 아주 좋아해요
～がほしいです ～이[개] 필요해요, ～을[를] 원해요

예 音楽が大好きです。 음악이 너무 좋아요. (음악을 아주 좋아해요.)
友達がほしいです。 친구가 필요해요. (친구를 가지고 싶어요.)

'너무 좋아하다', '아주 좋아하다'라는 뜻의 大好(だいす)きだ와 '가지고 싶다', '필요하다', '원하다'라는 뜻의 ほしい는 언제나 앞에 조사 が를 사용하는 것에 주의하자. 우리말로 '～을[를] 너무 좋아하다', '～을[를] 가지고 싶다'라고 할 때도 조사 を가 아니라 が를 쓰니까 아예 「～が大好きだ」, 「～がほしい」로 암기해 두는 것이 좋다.

■ □ 작문해 봅시다

映画(えいが) 영화 | **時間**(じかん) 시간 | **あなた** 당신 | **車**(くるま) 차

1. 영화를 아주 좋아해요.

....

2. 시간이 필요해요.

....

3. 당신이 너무 좋아요.

....

4. 차를 가지고 싶어요.

....

16

Point 6

ください　주세요

囫 これ(を)ください。 이것(을) 주세요.

'~을[를]'의 의미로 사용되는 조사 を는 회화 속에서 생략되기도 한다.

■ □ 작문해 봅시다

全部(ぜんぶ) 전부 | **連絡**(れんらく) 연락 | **お返事**(へんじ) 답장 | **お電話**(でんわ) 전화

1. 전부 주세요.

   ....

2. 연락 주세요.

   ....

3. 답장을 주세요.

   ....

4. 전화를 주세요.

   ....

Reply

다음 단어를 사용해서 답장을 써 보세요.

僕(ぼく) 저(남성) | 名前(なまえ) 이름 | 血液型(けつえきがた) 혈액형 | ~型(がた) ~형 | 獅子座(ししざ) 사자자리 | ~も ~도, ~나 |
日本(にほん) 일본 | そして 그리고 | メル友(とも) 메일 친구 | お返事(へんじ) 답장

안녕하세요.
제 이름은 박상우입니다.
혈액형은 B형이고, 사자자리입니다.
저도 일본을 좋아합니다.
그리고 일본인 메일 친구가 필요합니다.
그럼 답장 주세요.

漢字でしりとり 한자 끝말잇기

韓国 (한국) ··· 国語 (국어) ··· 語学 (어학) ··· 学生 (학생) ··· 生活 (생활)
かんこく   こくご   ごがく   がくせい   せいかつ

문법

인칭대명사

1인칭	わたくし	저	가장 정중한 표현(공식적인 자리에서만 사용)
	わたし		남녀 모두 사용하며 가장 일반적인 표현
	ぼく	나, 저	남자만 사용
2인칭	あなた	당신	상대방에게 직접 사용하면 실례가 됨 대화 시에는 상대방의 이름에 さん을 붙여 부름
	きみ	너	친구나 손아랫사람에게 사용할 수 있는 표현
	おまえ		주로 남자들이 사용
3인칭	かれ	그	남자친구(연인)를 지칭하기도 함
	かのじょ	그녀	여자친구(연인)를 지칭하기도 함
	～さん	～씨	대체로 상대방의 성에 붙여 말함

지시어 (이 · 그 · 저 · 어느)

	사물	장소	방향	수식어(연체어)		부사어
이	これ 이것	ここ 여기	こちら(こっち) 이쪽	この 이	こんな 이런	こう 이렇게
그	それ 그것	そこ 거기	そちら(そっち) 그쪽	その 그	そんな 그런	そう 그렇게
저	あれ 저것	あそこ 저기	あちら(あっち) 저쪽	あの 저	あんな 저런	ああ 저렇게
어느	どれ 어느 것	どこ 어디	どちら(どっち) 어느 쪽	どの 어느	どんな 어떤	どう 어떻게

별자리

みずがめ座 물병자리
(1/20～2/18)

うお座 물고기자리
(2/19～3/20)

ひつじ座 양자리
(3/21～4/19)

おうし座 황소자리
(4/20～5/20)

ふたご座 쌍둥이자리
(5/21～6/21)

かに座 게자리
(6/22～7/22)

しし座 사자자리
(7/23～8/22)

おとめ座 처녀자리
(8/23～9/23)

てんぴん座 천칭자리
(9/24～10/22)

さそり座 전갈자리
(10/23～11/22)

いて座 사수자리
(11/23～12/24)

やぎ座 염소자리
(12/25～1/19)

初めてのメール

첫 번째 메일

パクさん

初_{はじ}めまして。

メールありがとうございます。

私_{わたし}もメル友_{とも}オーケーです。

ところでパクさんの趣味_{しゅ み}は何_{なん}ですか？

私_{わたし}は韓国_{かん こく}ドラマと料理_{りょう り}が好_すきですが…。

パクさんは日本_{に ほん}の何_{なに}が好_すきですか？

それでは、これからよろしくお願_{ねが}いします。

박상우 씨

처음 뵙겠습니다.

메일 감사해요.

저도 메일 친구 OK입니다.

그런데, 상우 씨의 취미는 뭐예요?

저는 한국 드라마와 요리를 좋아하는데…….

상우 씨는 일본의 무엇을 좋아하세요?

그럼, 앞으로 잘 부탁드려요.

 퀴즈

Q. 일본 사람을 처음 만났을 때 나이를 물어봐도 될까?

A. ×

▶ 우리나라에서는 처음 만난 사이라도 나이나 결혼의 여부를 묻는 경우가 있지만 일본 사람을 만났을 때는 사적인 질문을 하는 것은 큰 실례가 됩니다. 처음에는 취미나 관심 분야 등에 대해 물어보는 것이 좋고, 사적인 사항은 상대방이 말을 꺼내기 전까지는 묻지 않는 것이 좋습니다.

~ですか？　~입니까?, ~예요?

예 日本人(にほんじん)ですか？　일본 사람입니까? / 일본 사람이에요?

~です의 의문형은 ~ですか이다. 원래 일본어에는 물음표가 없지만, 요즘은 공식 문서인 경우를 제외하고는 물음표를 붙이는 경우도 많다.

■ □ 작문해 봅시다

これ 이것 | 食(た)べ物(もの) 먹는 것, 음식 | 彼女(かのじょ) 그녀 | 学生(がくせい) 학생 | 先生(せんせい) 선생님 | それ 그것 | 本当(ほんとう) 정말 | 趣味(しゅみ) 취미 | 何(なん) 무엇 | あの人(ひと) 저 사람 | 誰(だれ) 누구

1. 이것은 먹는 것입니까?

   ....

2. 그녀는 학생입니까, 선생님입니까?

   ....

3. 그것은 정말입니까?

   ....

4. 취미는 무엇입니까?

   ....

5. 저 사람은 누구입니까?

   ....

～ですが　～입니다만, ～인데요, ～인데

예 日本人（にほんじん）ですが。 일본인입니다만. / 일본인인데요. / 일본인인데.

ですが는 です(입니다)에 조사 が(～지만, ～인데)가 붙은 형태로, Point 1의 ですか와 구별해서 암기해야 한다. 일반적으로는 '～지만[인데] ～하다'의 형태로 앞의 문장과 뒤의 문장을 연결할 때 사용하지만, 뒤의 문장 없이 그냥 말끝을 흐리는 형태로도 많이 사용된다.

■ □ 작문해 봅시다

失礼(しつれい) 실례 | 今(いま) 지금 | 電話中(でんわちゅう) 전화 중 | ここ 여기 | 禁煙席(きんえんせき) 금연석 | それ 그것 | 問題(もんだい) 문제

1. 실례입니다만.

....

2. 지금 전화 중입니다만.

....

3. 여기는 금연석인데요.

....

4. 그것이 문제인데.

....

〜も 〜도, 〜나
〜と 〜왜과], ~랑, ~하고

例 私(わたし)も 저도

あなたと私 당신과 나
誰(だれ)も 누구나

조사 も는 우리말 '〜도', '〜나'로 해석된다. 특히 의문사 뒤에 연결될 때 '〜나'가 된다. 그리고 조사 と는 사물을 열거할 때 붙인다.

■ □ 작문해 봅시다

妹(いもうと)さん 여동생 | 美人(びじん) 미인 | あそこ 저기 | いつも 언제나 | セール 세일 | 土曜日(どようび) 토요일 |
日曜日(にちようび) 일요일 | 休(やす)み 휴일 | 兄弟(きょうだい) 형제 | 兄(あに) 오빠, 형 | 姉(あね) 언니, 누나 | 朝(あさ)
아침 | パン 빵 | 牛乳(ぎゅうにゅう) 우유

1. 여동생도 미인입니까?

   ....

2. 저기는 언제나 세일입니다.

   ....

3. 토요일하고 일요일은 휴일입니다.

   ....

4. 형제는 오빠랑 언니랑 저입니다.

   ....

5. 언제나 아침은 빵과 우유입니다.

   ....

Point 4

～が好きですか？　～을[를] 좋아하세요?

例 歌(うた)が好(す)きですか？　노래를 좋아하세요?

好(す)きですかは 好きですの 의문형이다. 앞에 역시 조사 가를 붙여서 '～을[를] 좋아하다'의 형태로 암기한다. 앞에 나왔던 大好(だいす)きです는 이 好きです를 강조한 표현이다. 처음 만난 사람과 편안하게 대화를 시작할 때 유용하게 쓸 수 있는 표현이므로 암기해 두면 좋다.

■ □ 작문해 봅시다

韓国(かんこく) 한국 | 映画(えいが) 영화 | お酒(さけ) 술 | 誰(だれ) 누구 | なぜ 왜

1. 한국 영화를 좋아하세요?

   ....

2. 술을 좋아하세요?

   ....

3. 누구를 좋아하세요?

   ....

4. 왜 좋아하세요?

   ....

Reply

다음 단어를 사용해서 답장을 써 보세요.

こちらこそ 저야말로 | **僕**(ぼく) 나, 저(남자) | **音楽**(おんがく) 음악 | **自動車**(じどうしゃ) 자동차 | **ドラマ** 드라마 | **料理**(りょうり) 요리 | **何**(なに) 무엇 | **一番**(いちばん) 제일, 가장 | **そして** 그리고 | **学生**(がくせい) 학생 | **それでは** 그럼 | **お返事**(へんじ) 답장

나오미 씨, 안녕하세요.
메일 고맙습니다.
저야말로 잘 부탁드리겠습니다.
저는 일본 음악이랑 자동차를 좋아해요.
한국 드라마랑 요리를 좋아하세요?
요리는 무엇을 제일 좋아하세요?
그리고 저는 학생인데, 나오미 씨도 학생입니까?
그럼, 답장 부탁해요.

漢字でしりとり 한자 끝말잇기

料理 (요리) ··· 理解 (이해) ··· 解決 (해결) ··· 決定 (결정) ··· 定員 (정원)
りょうり   りかい   かいけつ   けってい   ていいん

단어

가족 호칭

	자기 가족의 호칭 (남에게 소개할 때)	자기 가족의 호칭 (식구들끼리 부를 때)	남의 가족에 대한 호칭
할아버지	祖父 <small>そ ふ</small>	お祖父さん <small>じ い</small>	～さんのお祖父さん <small>じ い</small>
할머니	祖母 <small>そ ぼ</small>	お祖母さん <small>ば あ</small>	～さんのお祖母さん <small>ば あ</small>
아버지	父 <small>ちち</small>	お父さん <small>と う</small>	～さんのお父さん <small>と う</small>
어머니	母 <small>はは</small>	お母さん <small>か あ</small>	～さんのお母さん <small>か あ</small>
형, 오빠	兄 <small>あに</small>	お兄さん <small>に い</small>	～さんのお兄さん <small>に い</small>
누나, 언니	姉 <small>あね</small>	お姉さん <small>ね え</small>	～さんの姉さん <small>ね え</small>
남동생	弟 <small>おとうと</small>	(남동생 이름)	～さんの弟さん <small>おとうと</small>
여동생	妹 <small>いもうと</small>	(여동생 이름)	～さんの妹さん <small>いもうと</small>

韓国の料理が好きな彼女
한국 음식을 좋아하는 그녀

パクさん、こんにちは。

パクさんは日本の音楽が好きなんですね。

私は学生じゃないですが、仕事は音楽関係なんです。

日本の音楽は何が好きですか？

それから韓国料理は全部おいしいですが、

一番好きなのはサムゲタンです。

値段は少し高いですが、その熱いスープが大好きです。

パクさんが好きな韓国料理は何ですか？

それでは、また。

상우 씨, 안녕하세요.

상우 씨는 일본 음악을 좋아하는군요.

저는 학생은 아니지만, 직업은 음악 관련이거든요.

일본 음악은 무엇을 좋아하세요?

그리고 한국 요리는 전부 맛있지만,

제일 좋아하는 것은 삼계탕이에요.

가격은 조금 비싸지만, 그 뜨거운 국물이 아주 좋아요.

상우 씨가 좋아하는 한국 요리는 뭐예요?

그럼 또 (연락해요).

 퀴즈

Q. 우리나라에서는 더울 때 삼계탕을 먹지만 일본에서는 장어를 먹는다?

A. ○

▶ 더운여름철의 영양 보충을 위해서 일본 사람들은 장어를 먹습니다. 우리나라의 초복, 중복, 말복이랑 비슷한 丑(うし)の日(ひ)(황소의 날)에 먹어요.

명사의 부정

□ **~では[じゃ]ありません** ~이[가] 아닙니다
□ **~では[じゃ]ないです** ~이[가] 아니에요

예 _{がくせい}学生ではありません。 학생이 아닙니다.

学生ではないです。 학생이 아니에요.

우리말에 부정형 어미가 '~이[가] 아닙니다', '~이[가] 아니에요' 두 가지 형태가 있는 것처럼 일본어에도 부정형 어미는 では ありません과 ではないです의 두 가지 형태가 있다. 그리고 연결 부분 では는 회화에서는 줄여서 じゃ라고 한다. 참고로 친한 사이에서의 반말 표현은 ~じゃないです(~이 아니에요)에서 です를 뺀 ~じゃない(~이 아니야)가 된다.

■ □작문해 봅시다

これ 이것 | **うそ** 거짓말 | **ここ** 여기 | **あの人**(ひと) 저 사람

1. 이것이 아닙니다.

....

2. 거짓말이 아니에요.

....

3. 여기가 아닙니다.

....

4. 저 사람이 아니에요.

....

い형용사・な형용사

い형용사	な형용사
예 おいしい 맛있다, 맛있어	<ruby>有名<rt>ゆうめい</rt></ruby>だ 유명하다, 유명해
おいしいです 맛있습니다, 맛있어요	有名です 유명합니다, 유명해요

일본어 형용사는 어미가 い로 끝나는 い형용사, だ로 끝나는 な형용사 – 두 종류가 있다. 사물의 모양이나 상태를 설명해 주는 역할은 같지만 이 두 종류의 형용사는 각각 활용 형태가 다르다. 공손한 표현을 만들 때도 い형용사는 뒤에 그냥 です를 붙이지만, な형용사는 だ를 생략하고 です를 붙인다. 그러므로 우리말 형용사가 어느 쪽에 속하는지를 처음부터 정확히 알아야 한다.

■ □ 작문해 봅시다

> 彼女(かのじょ) 그녀 | かわいい 귀엽다 | あの店(みせ) 저 가게 | 親切(しんせつ)だ 친절하다 | 今日(きょう) 오늘 | 忙(いそが)しい 바쁘다 | 明日(あした) 내일 | 暇(ひま)だ 한가하다

1. 그녀는 귀엽습니다.

   ....

2. 저 가게는 친절합니다.

   ....

3. 오늘은 바쁩니다.

   ....

4. 내일은 한가합니다.

   ....

Point 3

형용사의 수식형

い형용사	な형용사
예 おいしい 맛있다	有名だ 유명하다
おいしい物 맛있는 것	有名な人 유명한 사람

명사를 수식할 때도 い형용사와 な형용사는 서로 다른 형태를 취한다. い형용사는 뒤에 그냥 명사를 붙이지만 な형용사는 だ를 な로 바꾼 후에 명사를 연결해야 한다. 'い형용사'와 'な형용사'라는 명칭은 이와 같이 명사 수식형 어미가 달라지는 것에서 비롯된 것이다.

■ □작문해 봅시다

これ 이것 | 安(やす)い 싸다 | 物(もの) 물건, 것 | 好(す)きだ 좋아하다 | 人(ひと) 사람 | 誰(だれ) 누구 | 親切(しんせつ)だ 친절하다 | 店(みせ) 가게 | 日本語(にほんご) 일본어 | 上手(じょうず)だ 잘하다

1. 이것은 싼 물건입니다.

   ....

2. 좋아하는 사람은 누구입니까?

   ....

3. 친절한 가게는 아닙니다.

   ....

4. 일본어를 잘하는 사람입니다.

   ....

Point 4

～が・～けど ～하지만, ～한데

い형용사

예 高(たか)いけど 비싸지만, 비싼데

高いですが 비쌉니다만, 비싼데요

な형용사

親切(しんせつ)だけど 친절하지만, 친절한데

親切ですが 친절합니다만, 친절한데요

'～하지만', '～한데'라는 표현을 만들 때는 형용사에 조사 が나 けど를 연결한다. が가 けど보다 정중한 느낌이기 때문에 일반적으로 です에 연결해서 쓰는 경우가 많다.

■ □ 작문해 봅시다

下手(へた)だ 서툴다 | 今日(きょう) 오늘 | 忙(いそが)しい 바쁘다 | 明日(あした) 내일 | 大丈夫(だいじょうぶ)だ 괜찮다 | キムチ 김치 | 辛(から)い 맵다 | おいしい 맛있다 | タクシー 택시 | 便利(べんり)だ 편리하다 | 高(たか)い 비싸다

1. 일본어는 좋아하지만 서툴러요.

....

2. 오늘은 바쁘지만 내일은 괜찮습니다.

....

3. 김치는 맵지만 맛있습니다.

....

4. 택시는 편하지만 비쌉니다.

....

Point 5

～んです　～이거든요

명사

예 韓国人(かんこくじん)なんです。 한국 사람이거든요.

い형용사

예 これがおいしいんです。 이것이 맛있거든요.

な형용사

예 韓国(かんこく)が好(す)きなんです。 한국을 좋아하거든요.

～んです는 ～です를 강조한 표현으로 우리말 '～이거든요', '～하거든요'에 해당하는 표현이다. 명사와 な형용사의 경우에는 だ를 생략하고 ～なんです를 붙인다는 점에 주의하자.

■ □ 작문해 봅시다

> 本当(ほんとう)だ 정말이다 | 高校時代(こうこうじだい) 고등학교 시절 | 友達(ともだち) 친구 | サイズ 사이즈 | ちょっと 조금 | 大(おお)きい 크다 | あの店(みせ) 저 가게 | とても 아주 | 有名(ゆうめい)だ 유명하다 | 今(いま) 지금 | 忙(いそが)しい 바쁘다 | きれいだ 예쁘다

1. 이것은 정말이거든요.

....

2. 그는 고등학교 시절 친구거든요.

....

3. 사이즈가 조금 크거든요.

....

4. 저 가게는 아주 유명하거든요.

....

5. 지금은 바쁘거든요.

....

6. 그녀는 정말 예쁘거든요.

....

다음 단어를 사용해서 답장을 써 보세요.

お仕事(しごと) 직업, 하시는 일 | 音楽関係(おんがくかんけい) 음악 관계 | かっこういい 멋있다 | ぜんぶ 전부, 다 | 一番(いちばん)
제일 | 歌手(かしゅ) 가수 | 西野(にしの)カナ 니시노 카나 | そして 그리고 | サムゲタン 삼계탕 | 高(たか)い 비싸다 | いくら 얼마 |
また 또, 다시 | カムジャタン 감자탕 | 〜や 〜이나 | メウンタン 매운탕 | 辛(から)い 맵다 | 食(た)べ物(もの) 음식 | 嫌(きら)いだ
싫어하다

나오미 씨, 안녕하세요.

하시는 일이 음악 관계입니까?

멋있네요.

저는 J-POP을 좋아해요.

J-POP은 다 좋지만, 제일 좋아하는 가수는 니시노 카나예요.

그리고 삼계탕은 저도 아주 좋아해요.

일본 삼계탕은 비싼가요? 얼마예요?

또 저는 감자탕이나 매운탕도 좋아해요.

나오미 씨는 매운 음식을 싫어하나요?

그럼……

漢字でしりとり 한자 끝말잇기

音楽(음악) ⋯ 楽器(악기) ⋯ 器官(기관) ⋯ 官僚(관료)

단어

헷갈리는 형용사

* おおい(많다) / おおきい(크다) / おもしろい(재미있다)
  – 전부 お로 시작되어서 헷갈리기 쉽습니다.

* きれいだ(예쁘다, 깨끗하다) / きらいだ(싫어하다)
  – れ와 ら의 차이로 의미가 바뀌니까 주의!
  – 또 이 두 형용사는 い형용사로 착각하지 마세요.

* かわいい(귀엽다, 예쁘다) / かわいそうだ(불쌍하다)
  – 발음이 비슷하니까 주의해서 외우세요.

* かわいい(귀엽다, 예쁘다) / きれいだ(예쁘다, 깨끗하다)
  – 둘 다 '예쁘다'로 해석되지만, きれいだ는 '아름답다'에 가깝습니다.

* いたい(아프다 – 특정 부분) / びょうきだ(아프다 – 몸 전체)
  – いたい는 앞에 꼭 신체 일부분이 옵니다. あたまがいたい(머리가 아프다), みみがいたい(귀가 아프다)
  – びょうきだ는 몸 전체가 아픈 것이므로 きのうはびょうきだった(어제는 아팠다)와 같이 씁니다.

日本のサムゲタンの値段

일본 삼계탕 가격

パクさん。

こんばんは。

西野カナは私も大好きですよ。

彼女はかわいいし、歌も上手だし、本当にいいですね。

韓国でも有名ですか？

それから日本のサムゲタンは2000円くらいです。

韓国ではいくらですか？

そして、辛いものが嫌いじゃないですが、辛くない方が好きです。

상우 씨.

안녕하세요.

니시노 카나는 저도 아주 좋아해요.

그녀는 예쁘고 노래도 잘하고, 정말 좋죠?

한국에서도 유명한가요?

그리고 일본의 삼계탕은 2,000엔 정도예요.

한국에서는 얼마예요?

그리고 매운 것을 싫어하지는 않지만, 맵지 않은 쪽이 좋아요.

 퀴즈

Q. 일본은 한국보다 생활 물가가 더 비싸다?

A. ×

▶ 여행으로 단기간 일본을 방문하면 물가가 비싸게 느껴지지만 실제 일본에서 생활해 보면 한국과 그다지 차이가 나지 않는다는 것을 느끼게 됩니다. 원화가 엔화보다 싼데도 불구하고 햄버거 가격이 같은 것을 보면 오히려 한국의 생활 물가가 더 비싸다는 것을 알 수 있죠. 일본의 물가가 비싸게 느껴지는 것은 자주 이용하는 교통비 등이 비싸기 때문입니다.

Point 1

〜し〜し 〜하고 〜하고, 〜하지 〜하지 〈열거〉

例 あの店は安いし、おいしいです。 저 가게는 싸고 맛있어요.

この部屋はきれいだし、しずかです。 이 방은 깨끗하고 조용해요.

い형용사와 な형용사의 기본형 끝에 し를 붙이면 '〜하고 〜하다'라는 표현을 만들 수 있다. 어떤 사실을 열거하는 표현은 여러 가지 방법이 있지만, 이렇게 기본형 끝에 し를 붙이는 방법이 가장 간단하다.

■ □ 작문해 봅시다

犬(いぬ) 개 | かわいい 귀엽다 | 頭(あたま) 머리 | いい 좋다 | このパソコン 이 컴퓨터 | 操作(そうさ) 조작 | 簡単(かんたん)だ 간단하다 | 軽(かるい) 가볍다 | かっこういい 멋있다 | イケメンだ 훈남이다 | 最高(さいこう) 최고 | きれいだ 예쁘다 | 料理(りょうり) 요리 | 上手(じょうず)だ 잘하다 | パーフェクトだ 완벽하다

1. 개는 귀엽고, 머리도 좋아요.

....

2. 이 컴퓨터는 조작도 간단하고, 가벼워요.

....

3. 그는 멋있지 훈남이지 최고예요.

....

4. 그녀는 예쁘지 요리도 잘하지 완벽해요.

....

형용사의 부정

い형용사	な형용사
□ (い 떼고) ~くない	(だ 떼고) ~じゃない ~하지 않다, ~하지 않아
□ (い 떼고) ~くないです	(だ 떼고) ~じゃないです ~하지 않아요
□ (い 떼고) ~くありません	(だ 떼고) ~じゃありません ~하지 않습니다

예 やすい 싸다 　　　　　　　　　　　親切(しんせつ)だ 친절하다

やすくない 싸지 않다 　　　　　親切じゃない 친절하지 않다

やすくないです 싸지 않아요 　　親切じゃないです 친절하지 않아요

やすくありません 싸지 않습니다 　親切じゃありません 친절하지 않습니다

※ いい[よい] 좋다 → よくない 좋지 않다

よくないです 좋지 않아요

よくありません 좋지 않습니다

형용사로 '~하지 않다', 즉 부정의 표현을 만들려면 い형용사는 い를 생략하고 くない를, な형용사는 だ를 생략하고 じゃない를 붙인다. 공손한 표현은 부정형에 です를 붙이는 방법과 ありません을 이용한 방법 두 가지가 있다. 참고로 な형용사의 활용은 명사 활용과 같은 형태라는 것도 기억해 두자. 그리고 형용사 활용에서 언제나 예외가 되는 것은 いい인데, 활용할 때는 よい를 기준으로 변화하므로 주의해야 한다.

■ □작문해 봅시다

> あの映画(えいが) 저 영화 | **おもしろい** 재미있다 | **このキムチ** 이 김치 | **ぜんぜん** 전혀 | **辛**(から)**い** 맵다 | **英語**(えいご) 영어 | **上手**(じょうず)**だ** 잘하다 | **今日**(きょう) 오늘 | **暇**(ひま)**だ** 한가하다

1. 저 영화는 재미있지 않습니다.

....

2. 이 김치는 전혀 맵지 않아요.

....

3. 영어는 잘하지 않습니다.

....

4. 오늘은 한가하지 않습니다.

....

~하지 않은 ~　〈형용사 부정형의 명사 수식〉

い형용사	**な형용사**
예 高い 비싸다	有名だ 유명하다
高くない物 비싸지 않은 것	有名じゃない人 유명하지 않은 사람

각각의 형용사 부정형에 명사를 연결하면 '~하지 않은 ~'라는 명사 수식의 표현이 된다.

■ □ 작문해 봅시다

そんなに 그렇게 | **遠(とお)い** 멀다 | **距離(きょり)** 거리 | **重要(じゅうよう)だ** 중요하다 | **内容**(ないよう) 내용 | **あまり** 별로, 그다지 | **親(した)しい** 친하다 | **色**(いろ) 색
---

1. 그렇게 멀지 않은 거리입니다.

   ....

2. 중요하지 않은 내용입니다.

   ....

3. 별로 친하지 않은 사람입니다.

   ....

4. 좋아하지 않는 색입니다.

   ....

〜ね・〜よ 〈종조사〉

□ **〜ですね** 〜하군요, 하네요 (그렇죠?)
□ **〜ですよ** 〜해요 〈강조〉

예 おいしいですね。 맛있네요. (그렇죠?)　　簡単^{かんたん}ですね。 간단하네요. (그렇죠?)

　おいしいですよ。 맛있어요.　　　　　簡単ですよ。 간단해요.

언제나 표현의 끝에 붙는 종조사 ね와 よ는 표현을 보다 자연스럽게 해 주는 조사이다. 대화 중 상대방의 동의를 끌어내고 싶을 때는 ね를, 자신의 의견을 상대방에게 어필하고 싶을 때는 よ를 문장 끝에 붙여 주면 된다.

■ □ 작문해 봅시다

今日(きょう) 오늘 | 暑(あつ)い 덥다 | これ 이것 | 高(たか)い 비싸다 | 本当(ほんとう)に 정말로 | かっこういい 멋있다 | それ 그것 | だめだ 안 된다

1. 오늘은 덥네요.

　...

2. 이것은 비싸요.

　...

3. 정말로 멋있네요.

　...

4. 그것은 안 돼요.

　...

Reply

다음 단어를 사용해서 답장을 써 보세요.

サムゲタン 삼계탕 | ～円(えん) ～엔 | 高(たか)い 비싸다 | ～では ～에서는 | ～ウォン ～원 | くらい 정도 | そして 그리고 | 辛(から)い 맵다 | 料理(りょうり) 요리 | 多(おお)い 많다 | ソルロンタン 설렁탕 | ～や ～이나 | カルククス 칼국수 | ～より ～보다 | 安(やす)い 싸다 | 人気(にんき) 인기 | ～でも ～에서도 | 有名(ゆうめい)だ 유명하다 | ところで 그런데 | 芸能人(げいのうじん) 연예인

나오미 씨.
안녕하세요.
삼계탕이 2,000엔이에요? 조금 비싸군요.
한국에서는 10,000원 정도예요.
그리고 맵지 않은 한국 음식도 많아요.
설렁탕이나 칼국수는 삼계탕보다 싸고 인기예요.
그리고 니시노 카나는 한국에서도 유명해요.
그런데 나오미 씨가 좋아하는 한국 연예인은 누구예요?

漢字でしりとり 한자 끝말잇기

有名(유명) ··· 名物(명물) ··· 物価(물가) ··· 価格(가격) ··· 格差(격차)

ゆうめい ··· めいぶつ ··· ぶっか ··· かかく ··· かくさ

단어

숫자 읽기

1	2	3	4	5	6	7
いち	に	さん	し・よ・よん	ご	ろく	しち・なな
8	9	10	20	30	40	50
はち	きゅう	じゅう	にじゅう	さんじゅう	よんじゅう	ごじゅう
60	70	80	90	100	200	300
ろくじゅう	ななじゅう	はちじゅう	きゅうじゅう	ひゃく	にひゃく	さんびゃく
400	500	600	700	800	900	1000
よんひゃく	ごひゃく	ろっぴゃく	ななひゃく	はっぴゃく	きゅうひゃく	せん
2000	3000	4000	5000	6000	7000	8000
にせん	さんぜん	よんせん	ごせん	ろくせん	ななせん	はっせん
9000	10000	20000	30000	40000	50000	60000
きゅうせん	いちまん	にまん	さんまん	よんまん	ごまん	ろくまん
70000	80000	90000				
ななまん	はちまん	きゅうまん				

(＊0 ー れい・ゼロ・まる)

・いくらですか？ 얼마입니까?

・おいくつですか？ 나이가 어떻게 되세요?

・何才ですか？ 몇 살입니까?
　なんさい

・携帯は何番ですか？ 휴대전화는 몇 번입니까?
　けいたい　なんばん

彼女は韓国のマニア
그녀는 한국 마니아

どうも、パクさん。

今日、日本はとても寒いですが、韓国はどうですか？

私、冬は寒くてあまり好きじゃないです。

季節はやっぱり暖かい春がいいです。

パクさんは季節の中で、いつが一番好きですか？

それから私が好きな韓国のスターはですね、

俳優はイ・ビョンホンで、アイドルはBTSです。

イ・ビョンホンは演技が上手で好きです。

そして歌もうまくて、踊りも上手なBTSは本当に最高です。

안녕하세요, 상우 씨.

오늘 일본은 아주 추운데, 한국은 어때요?

저는 겨울은 추워서 별로 좋아하지 않아요.

계절은 역시 따뜻한 봄이 좋아요.

상우 씨는 계절 중에서 언제를 제일 좋아하세요?

그리고 제가 좋아하는 한국의 스타는요,

배우는 이병헌이고, 아이돌은 BTS예요.

이병헌은 연기를 잘해서 좋아해요.

그리고 노래도 잘하고, 춤도 잘 추는 BTS는 정말 최고예요.

 퀴즈

Q. 한국과 일본은 실제 시차가 있다?

A. ○

▶ 한국과 일본은 같은 시간을 사용하고 있지만 실제는 30분의 시차가 있습니다. 낮과 밤의 길이가 크게 차이 나는 여름이나 겨울에는 이것을 실감할 수 있어요. 일본은 여름에는 새벽 5시에 이미 환하고, 겨울에는 오후 4시경부터 어두워지기 시작한답니다.

とても　매우, 아주, 정말, 참
あまり　별로, 그다지

예 とてもおもしろいです。아주 재미있어요.

あまりおもしろくないです。별로 재미있지 않아요.

とても便利(べんり)です。아주 편리해요.

あまり便利じゃないです。별로 편리하지 않아요.

とても와 あまり는 형용사를 강조하는 부사로 함께 쓰면 더욱 자연스러운 표현이 된다. 주의할 점은 とても는 긍정문을, あまり는 부정문을 강조할 때 사용한다는 것이다.

■ □작문해 봅시다

上手(じょうず)だ 잘하다 | いい 좋다 | 安(やす)い 싸다 | 重要(じゅうよう)だ 중요하다

1. 매우 잘하네요.

   ....

2. 별로 좋지 않습니다.

   ....

3. 아주 싸요.

   ....

4. 그다지 중요하지 않습니다.

   ....

～くて[で] ～하고, ～해서 〈형용사의 연결〉

예 安(やす)くておいしいです。 싸고 맛있어요.

安(やす)くていいです。 싸서 좋아요.

静(しず)かできれいです。 조용하고 깨끗해요.

静(しず)かでいいです。 조용해서 좋아요.

※ いい → よくて 좋고, 좋아서

두 개의 형용사를 연결하려면 い형용사는 어미를 「い → くて」로, な형용사는 「だ → で」로 바꿔 연결한다. 역시 형용사 いい 는 よくて로 변하는 것에 주의해야 한다. 그리고 이 표현은 '～하고 ～하다'나 '～해서 ～하다'와 같이 문장에 따라 특징을 열 거하거나 이유를 나타내는 두 가지 표현이 된다는 것도 기억해 두자.

■ □ **작문해 봅시다**

> かわいい 예쁘다 | **好(す)きだ** 좋다 | **顔(かお)** 얼굴 | **小(ちい)さい** 작다 | **目(め)** 눈 | **大(おお)きい** 크다 | **タブレット**
> 태블릿 | **軽(かる)い** 가볍다 | **操作(そうさ)** 조작 | **簡単(かんたん)だ** 간단하다 | **使(つか)いやすい** 쓰기 편하다

1. 그녀는 예뻐서 좋아요.

....

2. 얼굴은 작고 눈은 커요.

....

3. 이 태블릿은 가벼워서 좋아요.

....

4. 조작도 간단하고 쓰기 편해요.

....

～하고, ～한 〈형용사의 연결형 + 명사〉

예 安(やす)くておいしい店(みせ) 싸고 맛있는 가게
まじめで親切(しんせつ)な人(ひと) 성실하고 친절한 사람

하나 이상의 형용사를 연결해서 다시 명사를 수식할 수 있다. 명사 앞의 형용사가 な형용사인 경우에는 「だ → な」로 바꿔서 수식형으로 만들어야 하는 것에 주의하자.

■ □ 작문해 봅시다

柔(やわ)らかい 부드럽다 | 甘(あま)い 달콤하다 | ケーキ 케이크 | 静(しず)かだ 조용하다 | きれいだ 깨끗하다, 예쁘다 | レストラン 레스토랑 | 髪(かみ)が長(なが)い 머리가 길다 | 目(め)が大(おお)きい 눈이 크다 | 背(せ)が高(たか)い 키가 크다 | ハンサムだ 핸섬하다

1. 부드럽고 달콤한 케이크를 아주 좋아해요.

....

2. 저기는 조용하고 깨끗한 레스토랑입니다.

....

3. 그녀는 머리가 길고 눈이 큰 사람입니다.

....

4. 그는 키가 크고 핸섬한 사람입니다.

....

～の中で、～が一番～ですか？　　～중에서 ～을[를] 제일 ～합니까?

例 季節の中でいつが一番好きですか？　계절 중에서 언제를 제일 좋아해요?

테마를 주고 그 안에서 상대방의 취향을 물어볼 때 쓸 수 있는 표현이다. ～の中(なか)で 앞의 명사를 바꿔서 다양한 표현을 만들 수 있다. 처음 만난 사람과 즐겁게 대화를 이끌어 갈 때 유용한 표현이므로 꼭 암기해 두자.

■ □ 작문해 봅시다

動物(どうぶつ) 동물 | 何(なに) 무엇 | タレント 탤런트 | 誰(だれ) 누구 | おいしい 맛있다 | 大学(だいがく) 대학 | どこ 어디 | いい 좋다

1. 동물 중에서 무엇을 제일 좋아하세요?

   ....

2. 탤런트 중에서 누구를 제일 좋아하세요?

   ....

3. 한국 요리 중에서 무엇이 제일 맛있어요?

   ....

4. 대학 중에서 어디가 제일 좋아요?

   ....

Reply

다음 단어를 사용해서 답장을 써 보세요.

今日(きょう) 오늘 | 寒(さむ)い 춥다 | 冬(ふゆ) 겨울 | 季節(きせつ) 계절 | 空気(くうき) 공기 | 冷(つめ)たい 차갑다 | 気持(きも)ちいい 기분이 좋다 | ところで 그런데 | イ・ビョンホン 이병헌 | ファン 팬 | 歌(うた) 노래 | うまい 잘하다 | かっこういい 멋있다 | すごい 굉장하다 | 人気(にんき) 인기

나오미 씨, 안녕하세요.
오늘 한국은 별로 춥지 않아요.
나오미 씨는 겨울을 좋아하지 않는군요.
저는 계절 중에서 겨울을 제일 좋아해요.
공기가 차가워서 기분이 좋아요.
그런데 나오미 씨는 BTS랑 이병헌의 팬이세요?
BTS는 저도 아주 좋아해요.
정말 노래도 잘하고 멋있어요.
한국에서도 굉장한 인기예요.

漢字でしりとり 한자 끝말잇기

最高(최고) ··· 高校(고교) ··· 校庭(교정) ··· 庭園(정원) ··· 園芸(원예)
さいこう　　　こうこう　　　こうてい　　　ていえん　　　えんげい

단어

계절

春 봄	暖かい	따뜻하다
	山	산
	花	꽃
	花見	꽃 구경
	遠足	소풍
夏 여름	暑い	덥다
	海	바다
	雨	비
	花火	불꽃놀이
	夏休み	여름방학, 여름휴가
秋 가을	涼しい	시원하다, 서늘하다
	寂しい	쓸쓸하다
	風	바람
	紅葉	단풍
	落ち葉	낙엽
	運動会	운동회
冬 겨울	寒い	춥다
	雪	눈
	たい焼き	붕어빵
	石焼き芋	군고구마
	冬休み	겨울방학

彼女からの年賀状

그녀로부터의 연하장

パクさん、お久しぶりです。お元気でしたか？

このごろ、毎日コンサートの取材だったから、忙しかったです。

年末はコンサートが多くて、いつも忙しいんですよ。

昨日まで締め切りだったから大変でしたけど、今日からは少し楽です。

今年は本当に忙しかった一年でした。

でも、パクさんとのメールはいつも楽しかったです。

パクさんはどうでしたか？

それでは、来年もどうぞ、よろしくお願いします。

よいお年を。

상우 씨, 오랜만입니다. 잘 지내셨어요?

요즘 매일 콘서트 취재였기 때문에 바빴어요.

연말에는 콘서트가 많아서 언제나 바쁘거든요.

어제까지 마감이었기 때문에 힘들었지만, 오늘부터는 좀 편해요.

올해는 정말 바빴던 한 해였어요.

하지만 상우 씨와의 메일은 언제나 즐거웠어요.

상우 씨는 어땠어요?

그럼 내년에도 잘 부탁드립니다.

새해 복 많이 받으세요. (좋은 한 해를 맞이하세요.)

 퀴즈

Q. 일본은 크리스마스가 휴일이 아니다?

A. ○

▶ 일본은 크리스마스가 휴일이 아닙니다. 다수의 종교를 갖는 일본에서 특정 종교의 기념일을 휴일로 했다가는 연중 휴일이 될지도 모른다고 해요. 하지만 12월 23일은 천황의 생일이기 때문에 휴일이랍니다.

～だった ～이었다 〈명사의 과거형〉

□ ～だ ～이다
□ ～だった ～이었다, ～이었어

□ ～です ～입니다, ～예요
□ ～でした[=～だったんです] ～이었습니다, ～이었어요

예 友達だ 친구이다   友達です 친구입니다

友達だった 친구였다   友達でした 친구였습니다

                                            友達だったんです 친구였어요

～だ는 우리말 '～이다'에 해당하는 어미이고, ～だ의 공손한 표현은 ～です이다. 그리고 각각의 과거형은 ～だった와 ～でした인데, ～でした는 ～だった에 んです를 연결한 ～だったんです로 바꿔 말하는 경우도 많다. 공손형 어미 です는 '～입니다', '～예요'라고 명사를 정중하게 표현하는 것 외에도 우리말 '～요'와 같은 역할을 한다. 그래서 명사의 과거형 ～だった(～이었어)에 ～です(～요)를 연결하면 ～でした(～이었어요)와 같은 의미가 되는데, 흔히 회화에서는 ん을 붙여 だったんです라고 하는 경우가 많다.

■ □ 작문해 봅시다

今日(きょう) 오늘 | 休(やす)み 휴일 | 子供(こども)の時(とき) 어렸을 때 | いたずらっ子(こ) 장난꾸러기 | 母(はは) 우리 어머니 | 昔(むかし) 옛날 | 美人(びじん) 미인 | 前(まえ)には 전에는 | 恋人(こいびと) 애인

1. 오늘은 휴일이다.

....

2. 어렸을 때는 장난꾸러기였다.

....

3. 우리 어머니는 옛날에 미인이었어요.

....

4. 전에는 애인이었습니까?

....

～かった・～だった ～했다 〈형용사의 과거형〉

い형용사	な형용사
□ い → かった ～했다	だ → だった ～했다
かった(ん)です ～했습니다	だったんです[=でした] ～했어요

예 楽^{たの}しい 즐겁다 便利^{べんり}だ 편리하다

<table>
<tr><td>楽しかった 즐거웠다</td><td>便利だった 편리했다</td></tr>
<tr><td>楽しかった(ん)です 즐거웠어요</td><td>便利だったんです 편리했어요</td></tr>
<tr><td></td><td>便利でした 편리했습니다</td></tr>
</table>

※ いい[よい] 좋다 → よかった 좋았다, 다행이다, 잘됐다

형용사로 '～했다'라는 표현을 만들 때도 い형용사와 な형용사는 서로 다른 활용 형태를 취한다. い형용사는 어미를 「い → かった」로, な형용사는 어미를 「だ → だった」로 바꾼다. 그리고 '～했어요'라고 공손하게 말하고 싶을 때는 각 형용사의 과거형에 です를 붙여 주면 되고, 의미를 강조하고 싶을 때는 んです를 붙인다. 그리고 な형용사의 경우에는 명사와 같은 어미 활용을 하므로 だった(ん)です를 でした로 바꿔 말할 수 있다. 그리고 형용사의 과거형에서는 형용사 いい의 과거형 よかった가 우리말 '좋았다', '다행이다', '잘됐다'라는 뜻이 된다는 것도 기억하자.

■ □ 작문해 봅시다

あの映画(えいが) 저 영화 | おもしろい 재미있다 | 一人(ひとり)でも 혼자서도 | 大丈夫(だいじょうぶ)だ 괜찮다 | 今度(こんど) 이번 | 旅行(りょこう) 여행 | いい 좋다 | 先週(せんしゅう) 지난주 | 暇(ひま)だ 한가하다

1. 저 영화는 아주 재미있었어요.
....

2. 혼자서도 괜찮았어요.
....

3. 이번 여행은 아주 좋았어요.
....

4. 지난주는 한가했어요.
....

~했던 ~ 〈형용사 과거형의 명사 수식〉

□ い형용사 : ~い → ~かった + 명사
□ な형용사 : ~だ → ~だった + 명사

い형용사

예 忙(いそが)しい 바쁘다

忙(いそが)しかった時間(じ かん) 바빴던 시간

な형용사

大変(たいへん)だ 힘들다

大変(たいへん)だった時間 힘들었던 시간

형용사를 과거형으로 바꾸고 명사를 연결하면 '~했던 ~'라는 표현이 된다.

■ □ 작문해 봅시다

楽(たの)しい 즐겁다 | 思(おも)い出(で) 추억 | 昔(むかし) 옛날 | 短(みじか)い 짧다 | 人生(じんせい) 인생 | 一番(いちばん) 제일 | 大変(たいへん)だ 힘들다 | こと 일

1. 그것은 즐거웠던 추억입니다.

....

2. 그는 옛날에 좋아했던 사람입니다.

....

3. 정말 짧았던 인생입니다.

....

4. 제일 힘들었던 일은 뭐예요?

....

Point 4

～から ① ～이니까, ～이기 때문에
② ～부터

예 安いからいいです。 싸기 때문에 좋습니다.

ここだから安いです。 여기이기 때문에 쌉니다.

ここから遠いです。 여기에서 멉니다.

～から는 '～이니까', '～이기 때문에'라는 이유와 '～에서', '～부터'라는 출발점을 나타내는 조사이다. 문장의 앞뒤를 보고 의미를 판단해야 하지만, 대체로 이유를 나타낼 때는 앞에 '～이다', '～하다', '～하지 않다'와 같은 표현이 연결되고, 출발점의 의미로 사용될 때는 앞에 명사가 온다.

■ □ 작문해 봅시다

あの店(みせ) 저 가게 | 親切(しんせつ)だ 친절하다 | 今日(きょう) 오늘 | 忙(いそが)しい 바쁘다 | 明日(あした) 내일 |
暇(ひま)だ 한가하다 | 家(いえ) 집 | 駅(えき) 역 | 近(ちか)い 가깝다 | いい 좋다

1. 저 가게는 친절하기 때문에 좋아해요.

   ....

2. 오늘부터 바빠요.

   ....

3. 내일은 한가하기 때문에 괜찮아요.

   ....

4. 이 집은 역에서 가깝기 때문에 좋아요.

   ....

54

Reply

다음 단어를 사용해서 답장을 써 보세요.

お久(ひさ)しぶり 오랜만 | **元気(げんき)だ** 건강하다, 잘 있다 | **このごろ** 요즘 | **期末試験(きまつしけん)** 기말시험 | **忙(いそが)しい** 바쁘다 | **今回(こんかい)** 이번 | **科目(かもく)** 과목 | **少(すく)ない** 적다 | **いい** 좋다 | **試験問題(しけんもんだい)** 시험 문제 | **難(むずか)しい** 어렵다 | **少(すこ)し** 조금 | **心配(しんぱい)だ** 걱정이다 | **もう** 벌써 | **年末(ねんまつ)** 연말 | **今年(ことし)** 올해 | **楽(たの)しい** 즐겁다 | **一年(いちねん)** 1년, 한 해 | **何(なに)より** 무엇보다 | **来年(らいねん)** 내년

나오미 씨, 오랜만이에요.
저는 잘 있습니다.
저도 요즘 기말시험이었기 때문에 바빴어요.
이번에는 과목이 적어서 좋았지만,
시험 문제가 어려웠기 때문에 조금 걱정이에요.
벌써 연말이네요. 올해는 정말 즐거웠던 한 해였어요.
무엇보다 나오미 씨와의 메일이 즐거웠어요.
내년에도 아무쪼록 잘 부탁드릴게요.
그럼, 좋은 새해 맞이하세요.

漢字でしりとり 한자 끝말잇기

取材(취재) ··· 材料(재료) ··· 料金(요금) ··· 金利(금리) ··· 利子(이자)

📁 단어

접속사

そして	그리고	それに	게다가
それから	그리고, 그리고 나서	その上	게다가
ところが	그런데	それでは	그럼
ところで	그런데 (화제를 바꿀 때)	そうしたら	그러면, 그렇게 하면
しかし	그러나	それで	그래서
けれども	그렇지만	だから	그러니까
でも	하지만	ですから	그러니까요

Mail 7 日本の年末年始
일본의 연말연시

パクさん、こんにちは。

とうとう今年、最後の日ですね。

日本では12月31日を大みそかと言います。

大みそかには家族みんなで紅白歌合戦を見るんです。

そして、夜は年越しそばを食べます。

また、お正月にはお雑煮を食べるんですが、

韓国は大みそかとお正月に何をしますか？

상우 씨, 안녕하세요.

드디어 올해 마지막 날이네요.

일본에서는 12월 31일을 '오오미소카'라고 해요.

오오미소카에는 가족 모두 홍백노래자랑을 봐요.

그리고 밤에는 도시코시 소바(해를 넘기는 메밀국수)를 먹어요.

또 설날에는 오조니(일본식 떡국)를 먹는데,

한국은 오오미소카랑 설날에 무엇을 해요?

 퀴즈

Q. 일본에서도 제야의 종은 33번 친다?

A. ✕

▶ 우리는 독립선언문을 낭독한 33인을 기념하여 제야의 종을 33번 치지만, 일본에서는 제야의 종을 불교 행사로 인식하므로 108번뇌를 의미해서 108번 칩니다. 한 사람이 108번을 치는 것은 힘들기 때문에 신청한 시민들이 번갈아 가며 치기도 하고, 절에 따라 자동으로 제야의 종을 치는 기계를 설치한 곳도 있어요.

동사 기본형

□ **1그룹 (규칙 활용)**

① 어미의 모음이 /-u/인 것

예 −う： 会う 만나다　　　言う 말하다　　　思う 생각하다

−く： 行く 가다　　　聞く 듣다　　　続く 계속하다

−ぐ： 嗅ぐ 냄새 맡다　　　急ぐ 서두르다　　　稼ぐ 돈 벌다

−す： 話す 이야기하다　　　探す 찾다　　　出す 내다

−つ： 待つ 기다리다　　　持つ 가지다　　　勝つ 이기다

−ぬ： 死ぬ 죽다

−ぶ： 遊ぶ 놀다　　　呼ぶ 부르다　　　飛ぶ 날다

−む： 読む 읽다　　　飲む 마시다　　　頼む 부탁하다

−aる： 分かる 이해하다　　　始まる 시작되다

−uる： 作る 만들다　　　移る 이동하다

−oる： 乗る 타다　　　踊る 춤추다

② 변장동사 (2그룹과 같은 모양을 하고 있지만 1그룹 활용을 하는 동사)

예 −iる： 要る 필요하다　　　入る 들어가다　　　知る 알다　　　走る 달리다

−eる： 帰る 돌아가다　　　蹴る 차다　　　減る 감소하다　　　しゃべる 수다 떨다

□ **2그룹 (규칙 활용)** : −iる & −eる 동사 (る로 끝나면서 앞의 모음이 /−i/나 /−e/인 동사)

예 −iる： 見る 보다　　　起きる 일어나다

−eる： 寝る 자다　　　食べる 먹다

□ **3그룹 (불규칙 활용)** : 来る 오다 / する 하다

일본어 동사는 위와 같이 3가지 그룹으로 나눌 수 있다. 1그룹과 2그룹은 활용 시 각각 정해진 규칙에 의해 변하는 규칙동사이고, 3그룹은 그때그때 활용 형태를 암기해야 하는 불규칙 동사이다. 그러므로 동사활용을 위해서는 먼저 그 동사가 속한 그룹을 정확히 알아야 한다.

불규칙 동사인 3그룹 동사는 来る(오다)와 する(하다)이며, 2그룹 동사는 어미가 る인 동사 중에서 る 앞의 모음이 /−i/나 /−e/인 동사들이다. 1그룹 동사는 어미가 う·く·ぐ·す·つ·ぬ·ぶ·む·る로 대다수의 동사들이 1그룹인데, 어미의 형태는 다양하지만 모음이 모두 /u/라는 공통된 특징이 있다. 그리고 1그룹 중에 어미가 る인 동사는 る 앞의 모음이 /−a/, /−u/, /−o/인 것과 2그룹처럼 −iる, −eる의 형태로 변장을 하고 있는 변장동사가 있다. 이때 2그룹과 변장동사의 구분이 문제가 되는데, 대부분 −iる, −eる 형태의 동사는 2그룹이며, 변장동사는 정해져 있으므로 암기해 두자. (65p 참고)

□ **～を**　～을[를]
　예 映画(えいが)を見(み)る　영화를 보다

□ **～と**　① ～와[과], ～하고　② ～라고
　예 犬(いぬ)と猫(ねこ)　개와 고양이
　　いいと言(い)う　좋다고 말하다

□ **～に**　① ～에 〈시간, 장소의 위치〉　② ～에게 〈사람〉
　예 土曜日(どようび)に会(あ)う　토요일에 만나다
　　上(うえ)にある　위에 있다
　　友達(ともだち)に話(はな)す　친구에게 말하다

□ **～で**　① ～에서 〈행동이 이루어지는 장소〉　② ～로[으로] 〈수단〉
　예 銀行(ぎんこう)で働(はたら)く　은행에서 일하다
　　はしで食(た)べる　젓가락으로 먹다

동사와 함께 표현을 보다 완벽하게 해 주는 것이 조사이다. 일본어의 조사도 우리말의 조사와 비슷하기 때문에 암기하기 쉬우나, 조금씩 쓰임에 차이가 있으므로 정확히 알아 두지 않으면 헷갈릴 수 있다. 특히 조사 に와 で는 모두 장소를 나타내는 조사이지만 に는 단순히 위치를, で는 어떤 행동이 이루어지는 장소를 나타낸다.

■ □ 작문해 봅시다

> 音楽(おんがく) 음악 | 聞(き)く 듣다 | 悪(わる)い 나쁘다 | 思(おも)う 생각하다 | 明日(あした) 내일 | 行(い)く 가다 | 話(はな)す 말하다 | 友達(ともだち) 친구 | カラオケ 가라오케 | 歌(うた)を歌(うた)う 노래를 부르다

1. 일본 음악을 듣는다.
　　...

2. 그것은 나쁘다고 생각한다.
　　...

3. 내일 일본에 간다.
　　...

4. 그녀와 일본어로 말한다.
　　...

5. 친구와 가라오케에서 노래를 부른다.
　　...

동사 기본형+んです　～해요, ～하거든요

□ 1그룹

예 行く 가다 → 行くんです 가요, 가거든요

□ 2그룹

예 食べる 먹다 → 食べるんです 먹어요, 먹거든요

□ 3그룹

예 来る 오다 → 来るんです 와요, 오거든요

　　する 하다 → するんです 해요, 하거든요

회화에서 동사 기본형은 '～하다', '～해'라는 반말 표현이 된다. 이것을 '～해요'라는 공손한 표현으로 만들려면 그룹에 상관없이 기본형에 んです를 붙이면 된다. 그리고 '～해요?'라는 의문형을 만들고 싶을 때는 んですか를 붙인다.

■ □ 작문해 봅시다

> こう 이렇게 | 思(おも)う 생각하다 | 明日(あした) 내일 | 休(やす)む 쉬다 | 授業(じゅぎょう) 수업 | 始(はじ)まる 시작되다 | 恋人(こいびと) 애인 | いる 있다 | 友達(ともだち) 친구 | 来(く)る 오다

1. 저는 이렇게 생각해요. (생각하거든요)

....

2. 내일은 쉽니까? (쉬는 거예요?)

....

3. 수업이 시작돼요. (시작되거든요)

....

4. 애인이 있나요? (있는 거예요?)

....

5. 일본에서 친구가 와요. (오거든요)

....

Point 4

동사의 ます형 ~합니다

□ **1그룹** : 동사의 어미 → 그 어미가 속한 행의 두 번째 음 + ます

　예 行(い)く : く → き + ます → 行きます 갑니다, 갈 겁니다, 가겠습니다

□ **2그룹** : る 떼고 + ます

　예 食(た)べる → 食べます 먹습니다, 먹을 겁니다, 먹겠습니다

□ **3그룹** : 암기

　예 来(く)る → 来(き)ます 옵니다, 올 겁니다, 오겠습니다

　　 する → します 합니다, 할 겁니다, 하겠습니다

일본어 동사의 공손한 표현은 앞에서와 같이 기본형에 んです를 붙이는 방법과 공손형 어미 ます를 붙이는 두 가지 방법이 있다. んです의 경우 그룹에 상관없이 그냥 기본형에 연결하지만, ます는 그룹별로 연결 방법이 다르다. 3그룹은 암기하고, 2그룹은 る를 떼고 ます를 붙인다.

그리고 1그룹의 경우 먼저 그 동사 기본형의 어미가 어느 행에 속하는지를 보고, 어미를 그 행의 두 번째 음으로 바꾼 후에 ます를 붙인다. 그리고 의문형은 ますか를 붙인다. 아울러 일본어는 미래형이 따로 없기 때문에 이 ます형이 현재와 미래를 모두 나타낸다는 사실도 같이 알아 두자. 즉, ～ます는 우리말 '～합니다', '～할 겁니다', '～하겠습니다'에 해당하는 어미이다.

■ □ 작문해 봅시다

デパート 백화점 | プレゼント 선물 | 買(か)う 사다 | お酒(さけ) 술 | たくさん 많이 | 飲(の)む 마시다 | 鈴木(すずき)さん 스즈키 씨 | 来年(らいねん) 내년 | 帰(かえ)る 돌아가다 | 誰(だれ) 누구 | 映画(えいが) 영화 | 見(み)る 보다 | 一生懸命(いっしょうけんめい)に 열심히 | 勉強(べんきょう)する 공부하다

1. 백화점에서 선물을 삽니다.　　　　　　　　　..

2. 그는 술을 많이 마십니까?　　　　　　　　　..

3. 스즈키 씨는 내년에 일본으로 돌아갑니다.　　..

4. 누구와 영화를 볼 겁니까?　　　　　　　　　..

5. 열심히 공부하겠습니다.　　　　　　　　　　..

～んです・～ます 〈동사 공손형 어미〉

□ **1그룹**

예 行く → 行くんです 가요, 가거든요 / 行きます 갑니다
　　い

□ **2그룹**

예 食べる → 食べるんです 먹어요, 먹거든요 / 食べます 먹습니다
　　た

□ **3그룹**

예 来る → 来るんです 와요, 오거든요 / 来ます 옵니다
　　く

する → するんです 해요, 하거든요 / します 합니다

일본어 동사의 공손한 표현은 우리말처럼 정중한 느낌의 ます(합니다)체와 친근한 느낌의 んです(해요, 하거든요)체의 두 가지가 있다. 두 가지 모두 회화에서 많이 사용되므로 자유롭게 사용할 수 있도록 연습해 두자.

■ □ 작문해 봅시다

それ 그것 | 思(おも)う 생각하다 | ドラマ 드라마 | 見(み)る 보다 | 毎日(まいにち) 매일 | 運動(うんどう)する 운동하다

1. 그것은 좋다고 생각합니다.

　　　..

2. 그것은 좋다고 생각해요.

　　　..

3. 일본 드라마를 봅니다.

　　　..

4. 일본 드라마를 봐요.

　　　..

5. 매일 운동을 합니까?

　　　..

6. 매일 운동을 해요?

　　　..

Reply

다음 단어를 사용해서 답장을 써 보세요.

お正月(しょうがつ) 신정 | 連休(れんきゅう) 연휴 | ～でも ～에서도 | ソッタルクムン 섣달그믐 | ～と言(い)う ～라고 말하다 | ～では ～에서는 | 夜(よる) 밤 | 家族(かぞく) 가족 | いっしょに 함께 | 除夜(じょや)の鐘(かね) 제야의 종 | 聞(き)く 듣다 | そして 그리고 | 旧暦(きゅうれき) 음력 | 新年(しんねん) 신년, 새해 | 迎(むか)える 맞이하다 | それで 그래서 | 今年(ことし) 올해 | 旧正月(きゅうしょうがつ) 구정 | 両親(りょうしん) 부모님 | おじぎをする 절을 하다, 세배를 하다 | トックック 떡국 | 食(た)べる 먹다

나오미 씨, 안녕하세요.
일본의 신정은 연휴군요.
한국에서도 12월 31일은 '섣달그믐'이라고 해요.
한국에서는 밤 12시에 가족과 같이 제야의 종소리를 듣습니다.
그리고 한국은 음력으로 새해를 맞이해요.
그래서 올해는 2월 20일이 설이에요.
구정에는 부모님께 세배를 해요.
그리고 한국에서는 떡국을 먹습니다.

漢字でしりとり 한자 끝말잇기

合戦(がっせん)(합전) ··· 戦略(せんりゃく)(전략) ··· 略図(りゃくず)(약도) ··· 図表(ずひょう)(도표) ··· 表示(ひょうじ)(표시)

단어

～は/wa/	～은/는	예 私は学生です。 저는 학생입니다.
～が	① ～이/가	예 あの人が鈴木さんです。 저 사람이 스즈키 씨입니다.
	② ～지만, ～인데	예 高いですが 비싸지만, 비싼데
	③ ～을/를	예 歌が好きです。 노래를 좋아해요.
～の	① ～의	예 私のかばん 나의 가방
	② ～의 것	예 それは私のです。 그것은 내 것입니다.
	③ 명사와 명사의 사이	예 韓国の映画 한국 영화
～も	～도, ～나	예 私も 나도 / いつも 언제나
～を	～을/를	예 運動をする 운동을 하다
～と	① ～와/과, ～하고, ～랑	예 犬と猫 개와 고양이
	② ～라고	예 いいと思う 좋다고 생각하다
～に	① ～에 〈시간, 장소〉	예 ７時に起きる 7시에 일어나다 机の上にある 책상 위에 있다
	② ～에게 〈사람〉	예 田中さんに電話する 다나카 씨에게 전화하다
～で	① ～에서 〈장소〉	예 銀行で働く 은행에서 일하다
	② ～으로 〈수단〉	예 バスで行く 버스로 가다
～へ/e/	～으로 〈방향〉	예 東へ行く 동쪽으로 가다
～から	① ～부터	예 朝から 아침부터
	② ～기 때문에	예 朝だから 아침이기 때문에
～まで	～까지	예 晩まで 저녁까지
～けど	～지만, ～인데	예 かわいいけど 귀엽지만, 귀여운데
～だけ	～만, ～뿐	예 今日だけ 오늘만 / 一つだけ 하나뿐
～より	～보다	예 誰より 누구보다

변장동사

-iる		-eる	
要る	필요하다		
入る	들어가다		
切る	자르다	帰る	돌아가다, 돌아오다
限る	제한하다	蹴る	(발로) 차다
握る	쥐다	あせる	초조해하다
知る	알다	減る	감소하다
走る	달리다	しゃべる	수다 떨다
散る	(꽃이) 지다		

Mail 8 新年の計画
신년 계획

パクさん。

明（あ）けましておめでとうございます。

韓国（かんこく）の正月（しょうがつ）は2月（がつ）ですか？

じゃ、1月（がつ）1日（ついたち）も休（やす）まないんですか？

日本（にほん）と韓国（かんこく）は近（ちか）いけど、いろいろ違（ちが）いますね。

ところで私（わたし）は今年（ことし）、韓国語（かんこくご）を本格的（ほんかくてき）に始（はじ）めるつもりです。

今（いま）は挨拶（あいさつ）しか分（わ）かりませんが、頑張（がんば）ります。

でも、あまり期待（きたい）しないでくださいね。

いつも三日坊主（みっかぼうず）ですから。

상우 씨.

새해 복 많이 받으세요.

한국의 설날은 2월이에요?

그럼 1월 1일도 쉬지 않나요?

일본하고 한국은 가깝지만 여러 가지로 다르네요.

그런데 저는 올해 한국어를 본격적으로 시작할 생각이에요.

지금은 인사밖에 모르지만, 열심히 하겠습니다.

하지만 너무 기대하지 마세요.

언제나 작심삼일이니까……

 퀴즈

Q. 일본에서는 신년에 후지산이 나오는 꿈을 꾸면 좋다고 한다?

A. ○

▶ 우리가 신년의 돼지꿈을 길몽으로 여기는 것처럼 일본에서는 꿈에 후지산을 보면 좋다고 해요. 그 외 두 번째로는 독수리, 세 번째는 야채 중 가지가 나오는 꿈을 길몽으로 여깁니다.

～ない　～지 않다 〈부정형〉

□ **1그룹** : 동사의 어미 → 그 어미가 속한 행의 첫 번째 음+ない

㉑ 行_いく：く → か＋ない → 行かない 가지 않다, 가지 않아 → 行かないんです 가지 않아요

※ 어미가 う로 끝나는 동사는 わない로 변한다.

会_あう → 会わない 만나지 않다, 만나지 않아 → 会わないんです 만나지 않아요

□ **2그룹** : る 떼고 ＋ない

㉑ 食_たべる → 食べない 먹지 않다, 먹지 않아 → 食べないんです 먹지 않아요

□ **3그룹** : 암기

㉑ 来_くる → 来_こない 오지 않다, 오지 않아 → 来_こないんです 오지 않아요

する → しない 하지 않다, 하지 않아 → しないんです 하지 않아요

'～하지 않다'라는 부정형을 만들 때도 각 그룹별 활용 형태는 다르다. 3그룹은 무조건 암기하고, 2그룹은 る를 떼고 부정형 어미 ない(～지 않다)를 붙인다. 1그룹은 그 동사의 어미가 어떤 행에 속하는지를 생각하고, 어미를 그 행의 첫 번째 음으로 바꾼 후에 ない를 붙인다. 주의해야 할 것은 1그룹 동사 중 어미가 う로 끝나는 동사는 규칙대로 「う → あない」가 되지 않고 「う → わない」가 된다는 것이다. 그리고 공손한 표현은 끝에 역시 んです를 붙이면 된다.

■ □ 작문해 봅시다

全部_(ぜんぶ) 전부 | 買_(か)う 사다 | 何_(なに)も 아무것도 | 話_(はな)す 말하다 | お酒_(さけ) 술 | 飲_(の)む 마시다 | まだ 아직 | 寝_(ね)る 자다 | 明日_(あした) 내일 | 来_(く)る 오다 | ぜったい 절대 | 後悔_(こうかい)する 후회하다

1. 전부는 사지 않아요.

2. 아무것도 말하지 않아요.

3. 술은 마시지 않아요.

4. 아직 안 자요.

5. 내일부터 안 와요?

6. 절대 후회하지 않아요?

～ません ～하지 않습니다

□ 1그룹 : 동사의 어미 → 그 어미가 속한 행의 두 번째 음＋ません

　예 行く → 行きません 가지 않습니다

□ 2그룹 : る 떼고＋ません

　예 食べる → 食べません 먹지 않습니다

□ 3그룹 : 암기

　예 来る → 来ません 오지 않습니다

　　 する → しません 하지 않습니다

부정형도 공손한 표현은 두 가지 패턴이 있어서 간단히 동사 부정형에 んです를 붙이는 방법과, ます의 부정형 ません을 연결하는 방법이 있다.

■ □ 작문해 봅시다

全部(ぜんぶ) 전부 | 買(か)う 사다 | 何(なに)も 아무것도 | 話(はな)す 말하다 | お酒(さけ) 술 | 飲(の)む 마시다 | まだ 아직 | 寝(ね)る 자다 | 明日(あした) 내일 | 来(く)る 오다 | ぜったい 절대 | 後悔(こうかい)する 후회하다

1. 전부는 사지 않습니다.

....

2. 아무것도 말하지 않습니다.

....

3. 술은 안 마십니다.

....

4. 아직 안 잡니다.

....

5. 내일부터 오지 않습니까?

....

6. 절대 후회하지 않습니까?

....

Point 3

～ないでください　～하지 마세요

예 行(い)かないでください。 가지 마세요.

동사를 부정형으로 만든 후에 でください(～해 주세요)를 연결하면 '～하지 마세요'라는 정중한 금지 표현이 된다.

■ □ 작문해 봅시다

冗談(じょうだん) 농담 | 言(い)う 말하다 | お酒(さけ) 술 | 体(からだ) 몸 | 悪(わる)い 나쁘다 | たくさん 많이 | 飲(の)む 마시다 | 重要(じゅうよう)だ 중요하다 | 忘(わす)れる 잊다 | 恥(は)ずかしい 창피하다 | 見(み)る 보다 | 大丈夫(だいじょうぶ)だ 괜찮다 | 心配(しんぱい)する 걱정하다

1. 농담하지 마세요.

   ....

2. 술은 몸에 나빠요. 많이 마시지 마세요.

   ....

3. 이것은 중요하니까 잊지 마세요.

   ....

4. 창피하니까 보지 마세요.

   ....

5. 괜찮으니까 걱정하지 마세요.

   ....

~しか ~ない ~밖에 ~하지 않다, ~만 ~하다

예 ひらがなしか分(わ)かりません。 히라가나밖에 몰라요 (히라가나만 알아요)

~しか는 뒤에 항상 부정형이 연결되어 '~밖에 ~하지 않다', 즉 '~만 ~하다'라는 표현을 만든다. 우리말의 반어법과 같이 일부러 부정형으로 만들어 그 의미를 강조하는 표현이라 할 수 있다.

■ □작문해 봅시다

> 肉(にく) 고기 | 食(た)べる 먹다 | 私(わたし) 나 | あなた 당신 | いる 있다 | 日曜日(にちようび) 일요일 | 休(やす)む 쉬다
> | 一(ひと)つ 하나 | 考(かんが)える 생각하다

1. 그는 고기밖에 먹지 않아요.

   ....

2. 나에게는 당신밖에 없어요.

   ....

3. 일요일밖에 쉬지 않아요.

   ....

4. 하나밖에 생각하지 않아요.

   ....

Point 5

~つもりです   ~할 생각입니다

예 日本に行くつもりです。일본에 갈 생각입니다.
私は行かないつもりです。저는 가지 않을 생각입니다.

동사 기본형과 부정형에 명사 つもり(생각, 예정)를 연결하면 '~할 생각입니다', '~하지 않을 생각입니다' 하고 앞으로의 계획을 나타내는 표현이 된다.

■ □ 작문해 봅시다

週末(しゅうまつ) 주말 | 映画(えいが) 영화 | 見(み)る 보다 | 今晩(こんばん) 오늘 밤 | お酒(さけ) 술 | 飲(の)む 마시다 | 北海道(ほっかいどう) 홋카이도 | 旅行(りょこう)する 여행하다 | 太(ふと)る 살찌다 | 甘(あま)い物(もの) 단것 | 食(た)べる 먹다 | 今年(ことし) 올해 | タバコ 담배 | 止(や)める 그만두다, 끊다

1. 주말에는 영화를 볼 생각입니다.

   ....

2. 오늘 밤은 술을 마시지 않을 생각입니다.

   ....

3. 홋카이도를 여행할 생각이에요.

   ....

4. 살찌니까 단것을 먹지 않을 생각입니다.

   ....

5. 올해는 담배를 끊을 생각입니다.

   ....

다음 단어를 사용해서 답장을 써 보세요.

~ほど ~만큼 | 長(なが)く 길게 | 休(やす)む 쉬다 | ところで 그런데 | 韓国語(かんこくご) 한국어 | 勉強(べんきょう) 공부 | 始(はじ)める 시작하다 | でも 하지만 | 一生懸命(いっしょうけんめい)に 열심히 | 最初(さいしょ)から 처음부터 | 無理(むり)する 무리하다 | 3日(みっか) 3일 | 以上(いじょう) 이상 | できる 할 수 있다 | いつも 언제나 | 三日坊主(みっかぼうず) 작심삼일 | よく分(わ)かる 잘 알다 | 頑張(がんば)ってください 파이팅하세요

나오미 씨.
새해 복 많이 받으세요.
일본만큼 길게 쉬지는 않지만, 1월 1일은 쉬어요.
그런데 한국어 공부를 시작할 생각이세요?
하지만 열심히 하지 마세요.
처음부터 무리하니까 3일 이상 할 수 없는 거예요.
저도 언제나 작심삼일이었기 때문에 잘 알거두요.
그럼 파이팅입니다!

漢字でしりとり 한자 끝말잇기

期待(기대) ··· 待機(대기) ··· 機会(기회) ··· 会社(회사) ··· 社会(사회)

문법

부정형과 ～ません

	～ないです (～지 않아요)	～ません (～지 않습니다)	예
1 그 룹	～う → わ	～う → い	買う → 　買わないです　사지 않아요 　　　　買いません　사지 않습니다
	～く → か	～く → き	書く → 　書かないです　쓰지 않아요 　　　　書きません　쓰지 않습니다
	～ぐ → が	～ぐ → ぎ	急ぐ → 　急がないです　서두르지 않아요 　　　　急ぎません　서두르지 않습니다
	～す → さ	～す → し	探す → 　探さないです　찾지 않아요 　　　　探しません　찾지 않습니다
	～つ → た	～つ → ち	待つ → 　待たないです　기다리지 않아요 　　　　待ちません　기다리지 않습니다
	～ぬ → な	～ぬ → に	死ぬ → 　死なないです　죽지 않아요 　　　　死にません　죽지 않습니다
	～ぶ → ば	～ぶ → び	遊ぶ → 　遊ばないです　놀지 않아요 　　　　遊びません　놀지 않습니다
	～む → ま	～む → み	飲む → 　飲まないです　마시지 않아요 　　　　飲みません　마시지 않습니다
	～る → ら	～る → り	乗る → 　乗らないです　타지 않아요 　　　　乗りません　타지 않습니다
2 그 룹	る 떼고	る 떼고	起きる → 　起きないです　일어나지 않아요 　　　　　起きません　일어나지 않습니다 寝る → 　寝ないです　자지 않아요 　　　　寝ません　자지 않습니다
3 그 룹	来る → 来ないです　오지 않아요 する → しないです　하지 않아요		来る → 　来ません　오지 않습니다 する → 　しません　하지 않습니다

カムジャタンと納豆

감자탕과 낫토

パクさん、アンニョンハセヨ。

パクさんは先週の週末、何をしたんですか？

私は久しぶりに韓国の料理を食べました。

初めてカムジャタンを食べたんですが、とてもおいしかったです。

実は辛いと聞いたから、少し心配だったんですよ。

でも、思ったより辛くなかったです。

いっしょに行った友達はじゃがいもしか食べなかったんですが、

私はぜんぶ食べました。

상우 씨, 안녕하세요.

상우 씨는 지난 주말에 무엇을 했나요?

저는 오랜만에 한국 요리를 먹었어요.

처음으로 감자탕을 먹었는데 아주 맛있었어요.

실은 맵다고 들었기 때문에 조금 걱정이었거든요.

하지만 생각했던 것보다 맵지 않았어요.

같이 간 친구는 감자밖에 먹지 않았지만(감자만 먹었지만),

저 전부 먹었어요.

 퀴즈

Q. 일본의 식당에서도 한국처럼 냅킨 대신 두루마리 화장지를 사용한다?

A. ×

▶ 일본에서는 티슈와 두루마리 화장지에 대한 구분이 엄격합니다. 그래서 한국을 처음 여행하는 일본인들은 식당이나 포장마차에 두루마리 화장지가 놓여 있는 것에 큰 문화적인 충격을 받는다고 해요.

□ 1그룹 : 어미 う・く・ぐ・す・つ・ぬ・ぶ・む・る

① う・つ・る → った
   예 言う → 言った 말했다   待つ → 待った 기다렸다   作る → 作った 만들었다

② む・ぶ・ぬ → んだ
   예 飲む → 飲んだ 마셨다   遊ぶ → 遊んだ 놀았다   死ぬ → 死んだ 죽었다

③ く・ぐ → いた・いだ
   예 聞く → 聞いた 들었다   急ぐ → 急いだ 서둘렀다   ※ 行く → 行った 갔다

④ す → した
   예 話す → 話した 이야기했다

□ 2그룹 : る 떼고 + た
   예 食べる → 食べた 먹었다

□ 3그룹 : 암기
   예 来る → 来た 왔다   する → した 했다

과거형 활용도 3그룹은 무조건 암기, 2그룹은 る를 떼고 た를 붙인다. 1그룹의 경우, 어미가 う・つ・る로 끝나는 동사는 った, む・ぶ・ぬ로 끝나는 동사는 んだ, く인 동사는 いた, ぐ인 동사는 いだ로 변하고, す로 끝나는 동사는 した가 된다. 行(い)く는 예외로, 行いた가 아니라 行った가 된다는 것에 주의하자. 역시 공손한 표현은 과거형에 んです를 붙여 만든다.

■ □ 작문해 봅시다

会(あ)う 만나다 | みんなで 모두 같이 | 楽(たの)しい 즐겁다 | 遊(あそ)ぶ 놀다 | 話(はなし) 이야기 | 聞(き)く 듣다 | 昨日(きのう) 어제 | ずっと 계속, 쭉 | 家(うち) 집 | いる 있다 | 電話(でんわ)をする 전화를 하다

1. 일본에서 그녀를 만났어요.   ....

2. 모두 같이 즐겁게 놀았어요.   ....

3. 나도 그 이야기를 들었어요.   ....

4. 어제는 계속 집에 있었다.   ....

5. 그에게 전화를 했다.   ....

～なかった   ～지 않았다 〈과거 부정형〉

□ **1그룹** : 동사의 어미 → 그 어미가 속한 행의 첫 번째 음 + なかった

   예 行く : く → か + なかった → 行かなかった 가지 않았다, 가지 않았어

※ 어미가 う인 동사는 わなかった로 변한다.

   예 会う → 会わなかった 만나지 않았다

□ **2그룹** : る 떼고 + なかった

   예 食べる → 食べなかった 먹지 않았다, 먹지 않았어

□ **3그룹** : 암기

   예 来る → 来なかった 오지 않았다, 오지 않았어

   する → しなかった 하지 않았다, 하지 않았어

과거 부정형은 부정형을 만들 때와 같은 방법으로 어미만 ない(～지 않다)의 과거형 なかった(～지 않았다)를 붙이면 된다. 주의할 점은 부정형을 만들 때와 마찬가지로 1그룹이면서 어미가 う로 끝나는 동사는 ～あなかった가 아니라 ～わなかった가 된다는 것이다. 역시 んです를 붙여서 공손한 표현을 만들 수 있다.

■ □ 작문해 봅시다

> 結局(けっきょく) 결국 | 来(く)る 오다 | ぜんぜん 전혀 | 知(し)る 알다 | 母(はは) 엄마 | 何(なに)も 아무것도 | 言(い)う 말하다 | 誰(だれ)も 아무도 | いる 있다 | 一日(いちにち) 하루 | 休(やす)む 쉬다

1. 결국 그녀는 오지 않았어요.

   ....

2. 나는 전혀 몰랐어요.

   ....

3. 엄마는 아무것도 말하지 않았어요.

   ....

4. 거기에는 아무도 없었다.

   ....

5. 하루도 쉬지 않았다.

   ....

Point 3

~ました ~했습니다
~ませんでした ~하지 않았습니다

- 1그룹 : 동사의 어미 → 그 어미가 속한 행의 두 번째 음 + ました/ませんでした

  예 行く → 行きました 갑니다 / 行きませんでした 가지 않았습니다

- 2그룹 : る 떼고 + ました/ませんでした

  예 食べる → 食べました 먹었습니다 / 食べませんでした 먹지 않았습니다

- 3그룹 : 암기

  예 来る → 来ました 왔습니다 / 来ませんでした 오지 않았습니다

  する → しました 했습니다 / しませんでした 하지 않았습니다

'~했습니다', '~하지 않았습니다'라는 표현은 동사 ます형에 ます의 과거형 ました와 과거 부정형 ませんでした를 붙여 만든다. 앞에서 연습한 んです보다는 정중한 표현이다.

■ □ 작문해 봅시다

歌(うた)を歌(うた)う 노래를 부르다 | メールを送(おく)る 메일을 보내다 | 週末(しゅうまつ)に 주말에 | 何(なに)をする 무엇을 하다 | 何(なに)も 아무것도 | 家(うち)に 집에 | いる 있다

1. 김 씨도 노래를 불렀습니까?

   ....

   노래는 부르지 않았습니다.

   ....

2. 메일을 보냈습니까?

   ....

   죄송해요. 보내지 않았어요.

   ....

3. 주말에 무엇을 했습니까?

   ....

   아무것도 하지 않았습니다. 집에 있었습니다.

   ....

동사 과거형＋명사 ~한~, ~했던~
동사 과거 부정형＋명사 ~하지 않은~, ~하지 않았던~

예 行(い)った人(ひと) 간 사람

行かなかった人 가지 않은 사람

동사 과거형과 과거 부정형에 명사를 연결하면 '~한~', '~하지 않은~'과 같은 명사 수식의 표현이 된다.

■ □ 작문해 봅시다

友達(ともだち) 친구 | 聞(き)く 듣다 | 話(はなし) 이야기 | この前(まえ) 요전에 | 食(た)べる 먹다 | 料理(りょうり) 요리 |
おいしい 맛있다 | 選(えら)ぶ 고르다 | ネクタイ 넥타이 | 昨日(きのう) 어제 | 来(く)る 오다 | 誰(だれ) 누구 | 行(い)く
가다 | 時(とき) 때 | 買(か)う 사다 | 物(もの) 물건, 것

1. 친구한테서 들은 이야기입니다.

....

2. 요전에 먹었던 요리는 맛있었습니다.

....

3. 그것은 내가 고른 넥타이입니다.

....

4. 어제 온 사람은 누구입니까?

....

5. 일본에 갔을 때 산 물건입니다.

....

Reply

다음 단어를 사용해서 답장을 써 보세요.

> カムジャタン 감자탕 | 食(た)べる 먹다 | お酒(さけ) 술 | 飲(の)む 마시다 | 焼酎(しょうちゅう) 소주 | 似合(にあ)う 어울리다 | ジンロ 진로 | 人気(にんき)だ 인기이다 | 聞(き)く 듣다 | 週末(しゅうまつ) 주말 | この前(まえ) 요전에 | 習(なら)う 배우다 | 先生(せんせい) 선생님 | お宅(たく) 댁 | 行(い)く 가다 | そこで 거기서 | 初(はじ)めて 처음으로 | 納豆(なっとう) 낫토 | 変(へん)だ 이상하다 | 少(すこ)し 조금

나오미 씨, 안녕하세요.

강자탕을 드셨어요?

술을 마시지 않았나요?

강자탕은 소주랑 잘 어울려요.

일본에서 한국 진로가 인기라고 들었는데, 정말 유명해요?

저는 주말에 전에 일본어를 배웠던 선생님 댁에 갔어요.

거기서 처음으로 낫토를 먹었어요.

하지만 이상했기 때문에 조금밖에 먹지 않았어요.

漢字でしりとり 한자 끝말잇기

週末(주말) ··· 末期(말기) ··· 期間(기간) ··· 間接(간접) ··· 接近(접근)

단어

과거 · 현재 · 미래

日 날		
	おととい	그저께
	きのう	어제
	今日 (きょう)	오늘
	明日 (あした)	내일
	あさって	모레

週 주		
	先々週 (せんせんしゅう)	지지난 주
	先週 (せんしゅう)	지난주
	今週 (こんしゅう)	이번 주
	来週 (らいしゅう)	다음 주
	再来週 (さらいしゅう)	다다음 주

月 달		
	先々月 (せんせんげつ)	지지난 달
	先月 (せんげつ)	지난달
	今月 (こんげつ)	이번 달
	来月 (らいげつ)	다음 달
	再来月 (さらいげつ)	다다음 달

年 해		
	一昨年 (おととし)	재작년
	去年 (きょねん)	작년
	今年 (ことし)	올해
	来年 (らいねん)	내년
	再来年 (さらいねん)	내후년

毎日 (まいにち)	매일	平日 (へいじつ)	평일
毎週 (まいしゅう)	매주	週末 (しゅうまつ)	주말
毎月 (まいつき)	매월	月末 (げつまつ)	월말
毎年 (まいとし)	매년	年末 (ねんまつ)	연말

梅干しとキムチ
매실장아찌와 김치

パクさん、アンニョンハセヨ。

韓国には納豆がないんですか？

日本にも納豆の臭いが嫌いで、食べない人もいます。

でも、カロリーが低くて栄養もあるから、食べた方がいいんですよ。

私は毎朝、食べます。

じゃ、梅干しは食べたことがありますか？

梅干しも日本の代表的なおかずですが…。

そして、ジンロは有名ですよ。私も大好きです。

상우 씨, 안녕하세요.

한국에는 낫토가 없나요?

일본에도 낫토 냄새를 싫어해서 먹지 않는 사람도 있어요.

하지만 칼로리가 낮고 영양도 있기 때문에 먹는 편이 좋아요.

저는 매일 아침 먹어요.

그럼 매실장아찌는 먹은 적이 있나요?

매실장아찌도 일본의 대표적인 반찬인데…….

그리고 진로는 유명해요. 저도 아주 좋아해요.

 퀴즈

Q. 일본 사람들은 식사 전후에 반드시 '잘 먹겠습니다', '잘 먹었습니다'라고 말한다?

A. ○

▶ 우리도 '잘 먹겠습니다', '잘 먹었습니다'라고 인사를 하지만, 일본 사람들은 언제나 습관처럼 いただきます(잘 먹겠습니다), ごちそうさま(잘 먹었습니다)라는 인사를 잊지 않습니다.

ある・いる 있다

□ **ある**(1그룹) - 의지가 없어서 움직일 수 없는 것 (사물·사실)
□ **いる**(2그룹) - 의지가 있어서 움직일 수 있는 것 (사람·동물)

예 本があります。책이 있습니다.
　　猫がいます。고양이가 있습니다.

일본어에는 '있다'라는 표현이 두 가지 있다. '책이 있다', '문제가 있다'와 같이 사물이나 사실이 있다고 할 때는 **ある**를 사용하고, '친구가 있다', '고양이가 있다'와 같이 사람이나 동물이 있다고 할 때는 **いる**를 사용한다. 즉, 주어가 자신의 의지를 가지고 움직일 수 있는 것인지 아닌지에 따라 동사가 달라진다.

■ □ 작문해 봅시다

週末(しゅうまつ) 주말 | 約束(やくそく) 약속 | 失礼(しつれい) 실례 | 恋人(こいびと) 애인 | 地下鉄(ちかてつ) 지하철 |
駅(えき) 역 | どこ 어디 | 娘(むすめ) 딸 | 一人(ひとり) 한 명

1. 주말에는 약속이 있습니다.

　　...

2. 실례지만, 애인이 있습니까?

　　...

3. 지하철역은 어디에 있습니까?

　　...

4. 딸이 하나(한 명) 있습니다.

　　...

ない・いない　없다

□ **ない**(ある의 부정) - 의지가 없어서 움직일 수 없는 것 (사물 · 사실)
□ **いない**(いる의 부정) - 의지가 있어서 움직일 수 있는 것 (사람 · 동물)

例 お金(かね)がないです[ありません]。 돈이 없어요.
　　恋人(こいびと)がいないんです[いません]。 애인이 없어요.

'있다'의 부정형 '없다' 역시 두 가지 표현이 있다. ある의 부정형은 ない이고, いる의 부정형은 いない이다. 주의할 점은 ある의 부정형이 あらない가 아니라 ない라는 것이다. 그리고 ない는 동사가 아니라 い형용사라는 것도 함께 알아 두자.

■ □ 작문해 봅시다

> **もう** 더, 더 이상 | **時間**(じかん) 시간 | **今**(いま) 지금 | **担当**(たんとう) 담당 | **まだ** 아직 | **連絡**(れんらく) 연락 | **子供**(こども) 아이

1. 더 시간이 없어요.

　...

2. 지금은 담당이 없어요.

　...

3. 아직 연락이 없어요?

　...

4. 아이는 없어요.

　...

～たことがあります[あるんです] ～한 적이 있습니다
～たことがありません[ないんです] ～한 적이 없습니다

예 日本(にほん)の映画(えいが)を見(み)たことがあります。 일본 영화를 본 적이 있습니다.

日本の映画を見たことがありません。 일본 영화를 본 적이 없습니다.

こと는 우리말 '것', '일', '적' 등에 해당하는 말로 어떤 행동을 대신하는 대명사이다. 그러므로 과거형 뒤에 연결하면 '～한 적', '～한 일'이라는 뜻이 되고, 뒤에 ～がある를 붙여 '～한 적이 있다'라는 표현을 만들 수 있다. 자신의 경험을 말하거나 상대방의 경험을 물어볼 때 사용할 수 있는 아주 유용한 표현이다.

■ □ 작문해 봅시다

行(い)く 가다 | 東京(とうきょう) 도쿄 | 京都(きょうと) 교토 | 新幹線(しんかんせん) 신칸센 | 乗(の)る 타다 | 一度(いちど)も 한번도 | 嘘(うそ)を付(つ)く 거짓말을 하다 | 聞(き)く 듣다 | まだ 아직 | 食(た)べる 먹다

1. 일본에 간 적이 있습니까?

   ....

2. 도쿄에서 교토까지 신칸센을 탄 적이 있습니다.

   ....

3. 한 번도 거짓말을 한 적이 없습니까?

   ....

4. 들은 적은 있지만 아직 먹은 적은 없습니다.

   ....

Point 4

~た方がいいです ~하는 편이 좋아요
~ない方がいいです ~하지 않는 편이 좋아요

例 お茶はたくさん飲んだ方がいいです。녹차는 많이 마시는 편이 좋습니다.
太るからたくさん食べない方がいいです。살찌니까 많이 먹지 않는 편이 좋아요.

동사 과거형과 부정형에 方(ほう)(쪽, 편)를 연결하고 형용사 いい를 붙이면 '~하는 편이 좋다', '~하지 않는 편이 좋다'라는 어드바이스의 표현이 된다. 주의해야 할 점은 '~하는 편이 좋다'라고 할 때 앞에 동사의 과거형을 사용한다는 것이다. 실제 회화에서는 동사의 기본형을 그대로 사용하는 경우도 있지만, 말하는 사람이 자기가 했던 경험을 바탕으로 어드바이스하는 느낌이 있어서 과거형을 사용하면 그 의미를 더 강조하는 표현이 된다.

■ □ 작문해 봅시다

> 正直(しょうじき)に 솔직히 | 言(い)う 말하다 | 風邪(かぜ)を引(ひ)く 감기에 걸리다 | 時(とき) 때 | 早(はや)く 일찍 |
> 寝(ね)る 자다 | タバコ 담배 | 吸(す)う 피우다 | 若(わか)い 젊다 | たくさん 많이 | 遊(あそ)ぶ 놀다 | 無理(むり)する
> 무리하다

1. 솔직히 말하는 편이 좋아요.

   ....

2. 감기에 걸렸을 때는 일찍 자는 편이 좋아요.

   ....

3. 담배는 피우지 않는 편이 좋아요.

   ....

4. 젊을 때에 많이 노는 편이 좋아요.

   ....

5. 무리하지 않는 편이 좋아요.

   ....

Reply

다음 단어를 사용해서 답장을 써 보세요.

~中(なか)にも ~ 중에도 | 納豆(なっとう) 낫토 | 嫌(きら)いだ 싫어하다 | まあ 뭐(감탄사) | キムチ 김치 | 食(た)べる 먹다 | 梅干(うめぼ)し 매실장아찌 | 聞(き)く 듣다 | まだ 아직 | おかず 반찬 | とにかく 아무튼 | 食(た)べ物(もの) 음식 | 何(なん)でも 뭐든지 | いろいろ 여러 가지 | お酒(さけ) 술 | 強(つよ)い 세다

나오미 씨.

안녕하세요.

일본 사람 중에도 낫토를 싫어하는 사람이 있어요?

뭐, 한국에도 김치를 먹지 않는 사람이 있으니까요……

매실장아찌는 들어본 적은 있지만, 아직 먹어 본 적은 없어요.

한국에도 매실이 있는데, 반찬으로는 먹지 않거든요.

아무튼 음식은 뭐든지 여러 가지 먹는 편이 좋아요. (그렇죠?)

그런데, 나오미 씨는 술이 센가요?

漢字でしりとり 한자 끝말잇기

栄養(えいよう)(영양) ··· 養育(よういく)(양육) ··· 育児(いくじ)(육아) ··· 児童(じどう)(아동) ··· 童話(どうわ)(동화)

문법

ある와 いる의 기본 활용

있다	ある	いる
없다	ない	いない
있었다	あった	いた
없었다	なかった	いなかった
있습니다	あるんです (＝あります)	いるんです (＝います)
없습니다	ないんです (＝ありません)	いないんです (＝いません)
있었습니다	あったんです (＝ありました)	いたんです (＝いました)
없었습니다	なかったんです (＝ありませんでした)	いなかったんです (＝いませんでした)

단어

위치 표현

上 (うえ)	위	下 (した)	아래
前 (まえ)	앞	後ろ (うし)	뒤
中 (なか)	안, 속	外 (そと)	밖
右 (みぎ)	오른쪽	左 (ひだり)	왼쪽
間 (あいだ)	사이	そば	곁
横 (よこ)	옆	隣 (となり)	바로 옆
近所 (きんじょ)	근처	～に	～에

ジンロが好きな彼女

진로를 좋아하는 그녀

パクさん、こんにちは。

お酒だったら、強くはないですが、好きです。

もちろん、ジンロも飲みますよ。

お水を入れたりウーロン茶を入れたりしますけど。

仕事が終わったら、韓国のドラマを見ながら、

一人で飲んだりします。

パクさんはどうですか？ お酒は強い方ですか？

よかったら、いつか、いっしょに飲みたいですね。

상우 씨, 안녕하세요.

술이라면 세지는 않지만, 좋아해요.

물론 진로도 마셔요.

물을 타거나 우롱차를 넣거나 하지만…….

일이 끝나면 한국 드라마를 보면서

혼자 마시곤 해요.

상우 씨는 어떠세요? 술은 센 편인가요?

괜찮다면 언제 같이 마시고 싶네요.

 퀴즈

Q. 일본에서는 잔에 술이 있어도 첨잔을 한다?

A. ○

▶ 우리는 상대방의 잔이 비었다고 생각하면 첨잔을 하지만, 일본 사람들은 상대방의 잔이 언제나 가득 찬 상태를 유지할 수 있도록 술이 줄어들 때마다 첨잔을 해요.

동사 ます형 + ながら 〜하면서

예 ご飯(はん)を食(た)べながら、テレビを見(み)ます。 밥을 먹으면서 텔레비전을 봅니다.

'〜하면서 〜하다'라는 뜻의 동시 동작을 나타내는 표현은 동사 ます형에 ながら를 연결한다.

■ □ 작문해 봅시다

音楽(おんがく)を聞(き)く 음악을 듣다 | お茶(ちゃ)を飲(の)む 차를 마시다 | 電車(でんしゃ)を待(ま)つ 전철을 기다리다 | 雑誌(ざっし)を読(よ)む 잡지를 읽다 | 歌(うた)を歌(うた)う 노래를 부르다 | 踊(おど)りを踊(おど)る 춤을 추다 | バイトをする 아르바이트를 하다 | 学校(がっこう)に通(かよ)う 학교에 다니다

1. 음악을 들으면서 차를 마십니다.

    ....

2. 전철을 기다리면서 잡지를 읽습니다.

    ....

3. 노래를 부르면서 춤을 춥니다.

    ....

4. 아르바이트를 하면서 학교에 다녔습니다.

    ....

Point 2

~たい ~하고 싶다

□ 동사 ます형 + たいです ~하고 싶어요

たくないです ~하고 싶지 않아요

たかったです ~하고 싶었어요

たくなかったです ~하고 싶지 않았어요

예 行きたいです。 가고 싶어요.

行きたくないです。 가고 싶지 않아요.

行きたかったです。 가고 싶었어요.

行きたくなかったです。 가고 싶지 않아요.

'~하고 싶다'라는 희망의 표현은 동사 ます형에 たい(~고 싶다)를 연결하면 된다. 그리고 공손한 표현은 ~たい 뒤에 です를 붙인다. 희망을 나타내는 ~たい는 회화에 많이 사용되는 표현이므로 그 활용 형태도 함께 암기하는 것이 좋은데, 중요한 것은 たい가 い형용사 활용을 한다는 것이다. 그러므로 부정형은 ~たくない(~하고 싶지 않다), 과거형은 ~たかった(~하고 싶었다), 과거 부정형은 ~たくなかった(~하고 싶지 않았다)가 된다.

■ □ 작문해 봅시다

おいしい物(もの) 맛있는 것 | 食(た)べる 먹다 | 二度(にど)と 두 번 다시 | 会(あ)う 만나다 | 前(まえ)から 전부터 | 知(し)る 알다 | 信(しん)じる 믿다 | 結婚(けっこん)する 결혼하다

1. 맛있는 것을 먹고 싶어요.

....

2. 두 번 다시 만나고 싶지 않아요.

....

3. 전부터 알고 싶었어요.

....

4. 저도 믿고 싶지 않았어요.

....

5. 그녀와 결혼하고 싶었어요.

....

Point 3

～たり ～이기도 하고, ～하기도 하고

～たり～たりします ～하거나 ～하기도 합니다

□ **～だったり**(명사 과거형＋り) 예 学生^{がくせい}だったり 학생이기도 하고

□ **～かったり**(い형용사 과거형＋り) 예 安^{やす}かったり 싸기도 하고

□ **～だったり**(な형용사 과거형＋り) 예 好^すきだったり 좋아하기도 하고

□ **～たり**(동사 과거형＋り) 예 行^いったり 가기도 하고

각 품사의 과거형에 り를 연결하면 '～이기도 하고', '～하기도 하고'라는 반복과 변화를 나타내는 표현이 된다. 간단히 과거형을 이용하여 대화를 자연스럽게 만들어 주는 표현이니 꼭 암기해 두자. 과거형에 자신이 없는 사람은 과거형을 다시 확인하자.

■ □ 작문해 봅시다

出勤時間(しゅっきんじかん) 출근 시간 | 朝(あさ) 아침 | 夜(よる) 밤 | 暑(あつ)い 덥다 | 寒(さむ)い 춥다 | 天気(てんき) 날씨 | 変(へん)だ 이상하다 | このごろ 요즘 | 暇(ひま)だ 한가하다 | パーティー 파티 | 歌(うた)う 노래하다 | 踊(おど)る 춤추다 | 楽(たの)しい 즐겁다 | 音楽(おんがく)を聞(き)く 음악을 듣다 | ドラマを見(み)る 드라마를 보다

1. 출근 시간은 아침이기도 하고 밤이기도 합니다.

   ....

2. 덥기도 하고 춥기도 하고 날씨가 이상합니다.

   ....

3. 요즘 바쁘기도 하고 한가하기도 합니다.

   ....

4. 파티에서 노래하기도 하고 춤추기도 하고 즐거웠습니다.

   ....

5. 일본 음악을 듣기도 하고 드라마를 보기도 합니다.

   ....

～たら ～하면 〈가정형〉

□ ～だったら(명사 과거형+ら)   예 学生^{がくせい}だったら 학생이면
□ ～かったら(い형용사 과거형+ら)   예 おいしかったら 맛있으면
□ ～だったら(な형용사 과거형+ら)   예 好きだったら 좋아하면
□ ～たら(동사 과거형+ら)   예 行^いったら 가면

품사별 과거형에 ら를 붙이면 '～하면'이라는 가정의 표현이 된다. '아직 그 결과는 알 수 없지만 ～하면'이라는 뉘앙스로, 일본 어의 4가지 가정형 중에 가장 많이 사용되는 형태니까 꼭 알아 두자.

■ □ **작문해 봅시다**

> 来週(らいしゅう) 다음 주 | たぶん 아마 | 大丈夫(だいじょうぶ)だ 괜찮다 | 安(やす)い 싸다 | 買(か)う 사다 | ゆっくり 천천히 | 話(はな)す 말하다 | 分(わ)かる 알다 | お金(かね) 돈 | ある 있다 | 会社(かいしゃ) 회사 | 辞(や)める 그만두다

1. 다음 주라면 아마 괜찮아요.

   ....

2. 싸면 삽니다.

   ....

3. 천천히 말하면 압니다.

   ....

4. 돈이 있으면 회사를 그만두고 싶습니다.

   ....

Reply

다음 단어를 사용해서 답장을 써 보세요.

お酒(さけ) 술 | 強(つよ)い 세다 | ジンロ 진로 | チャミスル 참이슬 | ～と言(い)う ～라고 하다 | 漢字語(かんじご) 한자어 | 意味(いみ) 의미 | 表現(ひょうげん)する 표현하다 | もの 것 | 焼酎(しょうちゅう) 소주 | 飲(の)む 마시다 | 肉(にく) 고기 | ～や ～나 | メウンタン 매운탕 | 食(た)べる 먹다 | おいしい 맛있다 | どころで 그런데 | なぜ 왜 | 一人(ひとり)で 혼자서 | 悩(なや)み 고민 | いつか 언젠가 | 機会(きかい) 기회 | いっしょに 같이 | 一杯(いっぱい)する 한잔하다

나오미 씨, 안녕하세요.
저도 술을 좋아하지만 세지는 않아요.
진로를 한국에서는 '참이슬'이라고 말해요.
진로는 한자어이고, 참이슬은 그 의미를 한국어로 표현한 것이에요.
소주를 마시면서 고기나 매운탕을 먹으면 정말 맛있어요.
그런데 왜 술을 혼자서 마셔요?
한국에서는 고민이 있는 사람이 혼자서 마시거나 하는데……
언젠가 기회가 있으면 저도 나오미 씨랑 같이 한잔하고 싶어요.

漢字でしりとり 한자 끝말잇기

電車(전철) ··· 車道(차도) ··· 道場(도장) ··· 場外(장외) ··· 外出(외출)
でんしゃ ⎯ しゃどう ⎯ どうじょう ⎯ じょうがい ⎯ がいしゅつ

같은 활용을 하는 표현

	동사	い형용사	な형용사	명사
~て (~하고)	1그룹 う·つ·る → って む·ぶ·ぬ → んで く → いて ぐ → いで す → して 2그룹 る 떼고 + て 3그룹 くる → きて する → して	い → くて	だ → で	だ → で
~た (~했다)	1그룹 う·つ·る → った む·ぶ·ぬ → んだ く → いた ぐ → いだ す → した 2그룹 る 떼고 + た 3그룹 くる → きた する → した	い → かった	だ → だった	だ → だった
~たり (~하거나)	과거형 + り	い → かったり	だ → だったり	だ → だったり
~たら (~하면)	과거형 + ら	い → かったら	だ → だったら	だ → だったら
~たい (~하고 싶다, ます형 활용과 같다)	1그룹 う → い + たい く → き + たい ぐ → ぎ + たい す → し + たい つ → ち + たい ぬ → に + たい ぶ → び + たい む → み + たい る → り + たい 2그룹 る 떼고 + たい 3그룹 くる → きたい する → したい	(없음)	(없음)	(없음)

Mail 12 会いに行きます
만나러 갈게요

パクさん、こんにちは。

今日(きょう)はいい知(し)らせです。

私(わたし)、韓国(かんこく)へ取材(しゅざい)をしに行(い)くんです。

来週(らいしゅう)の水曜日(すいようび)から日曜日(にちようび)までですが、

もしよかったら会(あ)いませんか?

木曜日(もくようび)と金曜日(きんようび)は仕事(しごと)ですが、土曜日(どようび)は遊(あそ)ぼうと思(おも)います。

その日(ひ)、パクさんは大丈夫(だいじょうぶ)ですか?

ぜひ、会(あ)いたいです。いっしょに飲(の)みに行(い)きましょう。

상우 씨, 안녕하세요.
오늘은 좋은 소식이에요.
저, 한국에 취재를 하러 갈 거예요.
다음 주 수요일부터 일요일까지인데요,
만약에 괜찮으시다면 만나지 않을래요?
목요일하고 금요일은 일이 있지만, 토요일은 놀려고 생각해요.
그날 상우 씨는 괜찮으세요?
꼭 만나고 싶어요. 같이 마시러 가요.

 퀴즈

Q. 일본인은 아주 중요한 일이 아닌 이상, 당일에 약속을 취소하는 일은 거의 없다?
A. ○
▶ 일본 사람들은 당일에 약속을 취소하는 것에 대해 아주 엄격한 편입니다. 약속을 지키지 못할 것 같으면 사전에
양해를 구하는 것이 상식이에요. 참고로 당일 약속을 취소하는 것을 일본어로는 ドタキャン이라고 합니다.
이것은 土壇場(どたんば-막판)キャンセル(Cancel)의 줄임말이죠.

〜(よ)う 〜하자 · 〜해야지 〈청유형 · 의지형〉

□ **1그룹** : 동사의 어미 → 그 어미가 속한 행의 마지막 음+う

예 行(い)く : く → こ + う → 行こう 가자, 가야지

□ **2그룹** : る 떼고 + よう

예 食(た)べる → 食べよう 먹자, 먹어야지

□ **3그룹** : 암기

예 来(く)る → 来よう 오자, 와야지

する → しよう 하자, 해야지

일본어는 '〜하자'라고 상대방에게 권유를 하는 청유형과 '〜해야지'라고 스스로의 결심을 나타내는 의지형의 형태가 같다. 우리말 '가요'라는 표현이 '저도 가요', '같이 가요'와 같이 상황에 따라 용법이 달라지는 것과 같다. 청유형의 경우 상대의 동참을 이끌어 내기 위해서 억양을 올려 발음하는 경향이 있다.

■ □ 작문해 봅시다

近(ちか)いうち 조만간 | また 또 | 会(あ)う 만나다 | 正直(しょうじき)に 솔직히 | 話(はな)す 말하다 | もう少(すこ)し 좀 더 | 待(ま)つ 기다리다 | 今日(きょう) 오늘 | 早(はや)く 빨리 | 寝(ね)る 자다 | これから 이제부터 | どう 어떻게 | する 하다

1. 조만간 또 만나자.

....

2. 솔직히 말해야지.

....

3. 좀 더 기다리자.

....

4. 오늘은 일찍 자야지.

....

5. 이제부터 어떻게 하지.

....

～ましょう　～합시다
～ましょうか　～할까요?

□ 1그룹 : 동사의 어미 → 그 어미가 속한 행의 두 번째 음 + ましょう/ましょうか

예 行(い)く → 行きましょう 갑시다 / 行きましょうか 갈까요?

□ 2그룹 : る 떼고 + ましょう/ましょうか

예 食(た)べる → 食べましょう 먹읍시다 / 食べましょうか 먹을까요?

□ 3그룹 : 암기

예 来(く)る → 来ましょう 옵시다 / 来ましょうか 올까요?

する → しましょう 합시다 / しましょうか 할까요?

'～합시다', '～할까요?'라는 정중한 권유의 표현은 동사 ます형에 ましょう나 ましょうか를 붙인다. 일본어 동사의 공손한 표현은んです와 ます형 어미를 이용한 두 가지 패턴이 있지만, 이것은 동사의 기본 활용(현재, 부정, 과거, 과거 부정)의 경우에만 해당한다. 그러므로 Point 1의 청유형에 んです를 붙여 정중한 권유의 표현을 만들 수는 없다.

■ □ 작문해 봅시다

近(ちか)いうち 조만간 | また 또 | 会(あ)う 만나다 | 正直(しょうじき)に 솔직히 | 話(はな)す 말하다 | もう少(すこ)し 좀 더 | 待(ま)つ 기다리다 | そろそろ 슬슬 | 帰(かえ)る 돌아가다, 집에 가다

1. 조만간 또 만납시다.

....

2. 솔직히 말합시다.

....

3. 조금만 더 기다립시다.

....

4. 이것은 어떻게 할까요?

....

5. 슬슬 집에 갈까요?

....

의지형+と思います ~하려고 (생각)합니다

예 日本語を勉強しようと思います。 일본어를 공부하려고 (생각)합니다.
に ほん ご べんきょう おも

의지형에 ~と思う(~라고 생각하다)를 연결하면 '~하려고 (생각)하다'라는 표현이 된다. 앞으로의 계획을 나타내는 표현으로 「동사 기본형 + つもりです」로 바꿔서 표현할 수 있다.

■ □ 작문해 봅시다

かばん 가방 | 一(ひと)つ 하나 | 買(か)う 사다 | 週末(しゅうまつ) 주말 | 見(み)る 보다 | 夏(なつ) 여름 | 行(い)く 가다 |
明日(あした) 내일 | 家(うち) 집 | いる 있다 | 来年(らいねん) 내년 | 結婚(けっこん)する 결혼하다

1. 가방을 하나 사려고 (생각)합니다.

....

2. 주말에는 영화를 보려고 (생각)합니다.

....

3. 여름에는 일본에 가려고 (생각)합니다.

....

4. 내일은 집에 있으려고 (생각)합니다.

....

5. 내년에는 그녀와 결혼하려고 (생각)합니다.

....

Point 4

동사 ます형+に行く　～하러 가다
동사 ます형+に来る　～하러 오다

예 勉強(べんきょう)しに行(い)きます。 공부하러 갑니다.
　　勉強しに来(き)ます。 공부하러 옵니다.

동사 ます형 뒤에 조사 に를 붙이면 '～하러'라는 표현이 된다. 그리고 뒤에 行(い)く나 来(く)る를 연결하면 '～하러 가다', '～하러 오다'라는 표현을 만들 수 있다.

■ □ 작문해 봅시다

また 또 | 遊(あそ)ぶ 놀다 | 今(いま) 지금 | すぐ 당장 | 会(あ)う 만나다 | いっしょに 함께 | 見(み)る 보다 | 何(なに) 무엇 | する 하다

1. 또 놀러 오겠습니다.

....

2. 지금 당장 만나러 가겠습니다.

....

3. 함께 영화를 보러 갈까요?

....

4. 일본에는 무엇을 하러 왔습니까?

....

다음 단어를 사용해서 답장을 써 보세요.

いい 좋다 | 知(し)らせ 소식 | 来週(らいしゅう) 다음 주 | 土曜日(どようび) 토요일 | 実(じつ)は 실은 | その日(ひ) 그날 | 友達(とも
だち) 친구 | 会(あ)う 만나다 | いっしょに 같이 | みんなで 우리 모두 | チャミスル 참이슬 | 飲(の)む 마시다 | 水曜日(すいようび)
수요일 | 空港(くうこう) 공항 | 迎(むか)える 마중하다 | どこ 어디 | 何時(なんじ) 몇 시 | また 또 | 何(なに) 무엇 | する 하다 | どこ
でも 어디라도 | 案内(あんない)する 안내하다

나오미 씨, 안녕하세요.

정말 좋은 소식이네요.

다음 주 토요일이라면 저도 좋아요.

실은 그날 친구를 만나려고 했는데, 제 친구랑 같이 만나지 않겠습니까?

우리 모두 참이슬을 마시러 가요.

수요일에는 제가 공항까지 마중하러 갈까요?

그리고 토요일에는 어디에서 몇 시에 만날까요?

또 한국에서 뭐하고 싶어요?

어디든 안내할게요.

漢字でしりとり 한자 끝말잇기

来週(다음 주) ··· 週番(주번) ··· 番地(번지) ··· 地理(지리) ··· 理科(이과)

청유형과 ～ましょう

	～(よ)う (～하자 · ～해야지)	～ましょう (～합시다)	예	
1 그룹	～う → お	～う → い	買_かう →	買おう 사자, 사야지 買いましょう 삽시다
	～く → こ	～く → き	書_かく →	書こう 쓰자, 써야지 書きましょう 씁시다
	～ぐ → ご	～ぐ → ぎ	急_{いそ}ぐ →	急ごう 서두르자, 서둘러야지 急ぎましょう 서두릅시다
	～す → そ	～す → し	探_{さが}す →	探そう 찾자, 찾아야지 探しましょう 찾읍시다
	～つ → と	～つ → ち	待_まつ →	待とう 기다리자, 기다려야지 待ちましょう 기다립시다
	～ぬ → の	～ぬ → に	死_しぬ →	死のう 죽자, 죽어야지 死にましょう 죽읍시다
	～ぶ → ぼ	～ぶ → び	遊_{あそ}ぶ →	遊ぼう 놀자, 놀아야지 遊びましょう 놉시다
	～む → も	～む → み	飲_のむ →	飲もう 마시자, 마셔야지 飲みましょう 마십시다
	～る → ろ	～る → り	乗_のる →	乗ろう 타자, 타야지 乗りましょう 탑시다
2 그룹	る 떼고 + よう	る 떼고 + ましょう	起_おきる →	起きよう 일어나자, 일어나야지 起きましょう 일어납시다
			寝_ねる →	寝よう 자자, 자야지 寝ましょう 잡시다
3 그룹	来る → 来_こよう 오자, 와야지 する → しよう 하자, 해야지		来る → 来_きましょう 옵시다 する → しましょう 합시다	

待ち合わせ
약속

パクさん、こんにちは。

私は4日の遅い飛行機で行って、8日の朝、早い便で帰ります。

ですから、送り迎えはありがたいですが、いいです。

私の予定は5日に放送局を訪問して、6日は一日中取材です。

土曜日の午前中は音楽関係者に会って、

午後1時ごろに終わると思います。

それで待ち合わせの時間は3時ごろがいいと思いますが、

パクさんはどうですか？ そして場所は、どこがいいですか？

パクさんが決めて、教えてください。

상우 씨, 안녕하세요.

저는 4일 늦은 비행기로 가서, 8일 아침에 빠른 편으로 돌아와요.

그러니까 배웅이나 마중은 고맙지만 괜찮아요.

저의 예정은 5일에 방송국을 방문하고, 6일은 하루 종일 취재예요.

토요일 오전 중은 음악 관계자를 만나고

오후 1시경에 끝날 것 같아요.

그래서 약속 시간은 3시경이 좋다고 생각하는데,

상우 씨는 어떠세요? 그리고 장소는 어디가 좋아요?

상우 씨가 정해서 알려 주세요.

 퀴즈

Q. 일본인과 명함을 교환했을 때 명함을 잃어버리지 않도록 바로 명함첩에 넣는다?

A. ×

▶ 비즈니스상 일본인을 만나 명함을 교환하게 되면 일본인들은 상담이 끝날 때까지 받은 명함을 테이블 위에 올려놓고 있다가 자리에서 일어서기 전에 명함첩에 넣는 것을 볼 수 있어요. 그것은 상대방의 이름을 틀리는 것을 큰 실례로 여기기 때문이죠.

Point 1

～て형   ～하고 〈연결형〉

□ 1그룹 : 어미 う·く·ぐ·す·つ·ぬ·ぶ·む·る

① う·つ·る → って
  예 言う → 言って 말하고   待つ → 待って 기다리고   作る → 作って 만들고

② む·ぶ·ぬ → んで
  예 飲む → 飲んで 마시고   遊ぶ → 遊んで 놀고   死ぬ → 死んで 죽고

③ く·ぐ → いて·いで
  예 聞く → 聞いて 듣고   急ぐ → 急いで 서두르고   ※行く → 行って 가고

④ す → して
  예 話す → 話して 이야기하고

□ 2그룹 : る 떼고+て   예 食べる → 食べて 먹고

□ 3그룹 : 암기   예 来る → 来て 오고 / する → して 하고

'～하고'라는 동사의 연결형은 과거형을 만들 때와 같다. 과거형 어미 た 대신 연결형 어미 て·で를 붙인다. 역시 예외는 行(い)く 하나뿐이다.

■ □ 작문해 봅시다

朝(あさ) 아침 | 起(お)きる 일어나다 | 顔(かお)を洗(あら)う 세수를 하다 | 新宿駅(しんじゅくえき) 신주쿠 역 | 電車(でんしゃ) 전철 | ～に乗(の)る ～을 타다 | 渋谷駅(しぶやえき) 시부야 역 | 降(お)りる 내리다 | 会社(かいしゃ) 회사 | 行(い)く 가다 | 働(はたら)く 일하다 | ～に会(あ)う ～을 만나다 | 映画(えいが)を見(み)る 영화를 보다 | 買(か)い物(もの)をする 쇼핑을 하다 | 楽(たの)しい 즐겁다

1. 아침에 일어나서 세수를 합니다.

2. 신주쿠 역에서 전철을 타고 시부야 역에서 내립니다.

3. 회사에 가서 일합니다.

4. 그녀를 만나 영화를 보고, 쇼핑을 하고 즐거웠습니다.

Point 2

~てください ~해 주세요, ~하세요

⟨예⟩ ちょっと待ってください。 조금만 기다려 주세요., 조금만 기다리세요.

동사 て형 뒤에 ください를 연결하면 '~해 주세요', '~하세요'라는 정중한 명령의 표현이 된다.

■ □ 작문해 봅시다

もう一度(いちど) 다시 한 번 | 話(はな)す 말하다 | ゆっくり 푹, 천천히 | 休(やす)む 쉬다 | まっすぐ 곧장 | 行(い)く 가다 | 右(みぎ)に曲(ま)がる 우회전하다 | 連絡(れんらく)する 연락하다

1. 다시 한 번 말해 주세요.

....

2. 푹 쉬세요.

....

3. 곧장 가서 우회전해 주세요.

....

4. 일본에 오면 연락해 주세요.

....

Point 3

〜と思います   ~라고 생각해요, ~것 같아요

예 学生(がくせい)だと思(おも)います。 학생이라고 생각해요. 학생인 것 같아요.

高(たか)いと思います。 비싸다고 생각해요. 비싼 것 같아요.

まじめだと思います。 성실하다고 생각해요. 성실한 것 같아요.

結婚(けっこん)すると思います。 결혼한다고 생각해요. 결혼할 것 같아요.

〜と思う(~라고 생각하다)는 '~은 ~이다', '~은 ~하다'와 같이 단정적인 표현을 조금 겸손하게 말할 때 사용할 수 있는 표현으로, 각 품사의 기본 활용(현재, 부정, 과거, 과거 부정)에 붙이면 된다. 이때 조사 とは '~라고'라는 의미로 사용되었다.

■ □ 작문해 봅시다

いい 좋다 | アイディア 아이디어 | 最初(さいしょ) 처음 | 少(すこ)し 조금 | 変(へん)だ 이상하다 | こちら 이쪽 | 似合(にあ)う 어울리다 | 今日(きょう) 오늘 | 来(く)る 오다

1. 좋은 아이디어라고 생각합니다.

....

2. 그것은 좋지 않다고 생각해요.

....

3. 처음부터 조금 이상하다고 생각했어요.

....

4. 이쪽이 어울리는 것 같아요.

....

5. 오늘은 안 올 것 같아요.

....

1月	2月	3月	4月	5月	6月
いちがつ	にがつ	さんがつ	しがつ	ごがつ	ろくがつ
7月	8月	9月	10月	11月	12月
しちがつ	はちがつ	くがつ	じゅうがつ	じゅういちがつ	じゅうにがつ

1日	2日	3日	4日	5日	6日
ついたち	ふつか	みっか	よっか	いつか	むいか
7日	8日	9日	10日	11日	12日
なのか	ようか	ここのか	とおか	じゅういちにち	じゅうににち
13日	14日	15日	16日	17日	18日
じゅうさんにち	じゅうよっか	じゅうごにち	じゅうろくにち	じゅうしちにち	じゅうはちにち
19日	20日	21日	22日	23日	24日
じゅうくにち	はつか	にじゅういちにち	にじゅうににち	にじゅうさんにち	にじゅうよっか
25日	26日	27日	28日	29日	30日
にじゅうごにち	にじゅうろくにち	にじゅうしちにち	にじゅうはちにち	にじゅうくにち	さんじゅうにち

월(月)과 일(日)에 관한 표현이다. 숫자 4, 7, 9가 각각 두 개의 발음을 갖지만, 월(月)에서는 반드시 4月(しがつ), 7月(しちがつ), 9月(くがつ)로 정해진 표현을 사용해야 한다. 1일~10일과 14, 20, 24일의 경우 우리말 하루, 이틀, 사흘과 같이 일본 고유의 읽는 법을 사용하므로 정확히 알아 두자.

■ □ 작문해 봅시다

> お正月(しょうがつ) 신정 | バレンタインデー 밸런타인데이 | 子供(こども)の日(ひ) 어린이날 | 給料日(きゅうりょうび) 월급날 | 毎月(まいつき) 매월 | お誕生日(たんじょうび) 생일

1. 신정은 1월 1일입니다. ....

2. 밸런타인데이는 2월 14일입니다. ....

3. 5월 5일은 어린이날입니다. ....

4. 월급날은 매월 25일입니다. ....

5. 생일은 몇 월 며칠입니까? ....

Reply

다음 단어를 사용해서 답장을 써 보세요.

店(みせ) 가게 | シンチョン 신촌 | 土曜日(どようび) 토요일 | 方(ほう) 쪽, 방향 | 来(く)る 오다 | 大学(だいがく)の街(まち) 대학가 | 安(やす)い 싸다 | おいしい 맛있다 | 多(おお)い 많다 | 3時(さんじ) 3시 | 会(あ)う 만나다 | 近所(きんじょ) 근처 | 見物(けんぶつ)する 구경하다 | 夕飯(ゆうはん) 저녁밥 | 駅(えき) 역 | 2番出口(にばんでぐち) 2번 출구

나오미 씨, 안녕하세요.
제가 좋아하는 가게가 신촌에 있으니까
토요일에는 신촌 쪽으로 와 주세요.
신촌은 대학가고,
싸고 맛있는 가게가 많거든요.
3시에 만나서 근처를 구경하고,
저녁을 먹고 술도 마셔요.
그럼 토요일 3시에 신촌역 2번 출구에서 만나요.

漢字でしりとり 한자 끝말잇기

予定(よてい)(예정) ··· 定食(ていしょく)(정식) ··· 食品(しょくひん)(식품) ··· 品質(ひんしつ)(품질) ··· 質問(しつもん)(질문)

단어

때

午前 오전	夜明け	새벽	
	朝	아침	
	昼	점심	
午後 오후	夕方	저녁, 해 질 녘	
	晩	저녁	
	夜	밤	

시

1時	2時	3時	4時	5時	6時
いちじ	にじ	さんじ	よじ	ごじ	ろくじ
7時	8時	9時	10時	11時	12時
しちじ	はちじ	くじ	じゅうじ	じゅういちじ	じゅうにじ

요일

月曜日 (월요일)	火曜日 (화요일)	水曜日 (수요일)	木曜日 (목요일)	金曜日 (금요일)	土曜日 (토요일)	日曜日 (일요일)
げつようび	かようび	すいようび	もくようび	きんようび	どようび	にちようび

がっかりしてはだめですよ

실망하면 안 돼요

パクさん、こんにちは。

いよいよ、明日、出発します。

韓国は初めてですから、とてもどきどきしています。

ところで土曜日の待ち合わせのことですが、

一つお願いをしてもいいですか?

私たち、お互い顔を知らないから

よかったら、パクさんの写真を送ってください。

私の写真も送ります。二人写っていますが、

帽子をかぶっている方が私です。見てがっかりしてはだめですよ。

それではお返事、待っています。

상우 씨, 안녕하세요.

드디어 내일 출발해요.

한국은 처음이기 때문에 너무 설레요.

그런데 토요일 약속에 대한 건데요.

하나 부탁을 해도 될까요?

우리 서로 얼굴을 모르니까

괜찮으면, 상우 씨 사진을 보내 주세요.

제 사진도 보낼게요. 두 사람이 찍혀 있는데,

모자를 쓰고 있는 쪽이 저예요. 보고 실망하면 안 돼요.

그럼, 답장 기다리고 있겠습니다.

 퀴즈

Q. 일본인도 가족사진을 가지고 다니는 사람이 많다?

A. ✕

▶ 일본인도 연인의 사진을 가지고 다니는 사람은 있지만, 부모님의 사진까지는 가지고 다니지 않아요.

～ている   ～하고 있다, ～애[어] 있다

예 食べています。먹고 있습니다. 〈진행〉

座っています。앉아 있습니다. 〈상태〉

来ています。와 있습니다. 〈완료〉

※ 行っている   가고 있다, 가 있다

来ている   오고 있다, 와 있다

結婚している   결혼했다

동사 て형에 동사 いる를 연결하면 '～하고 있다', '～애[어] 있다'라는 표현이 된다. ～ている는 진행, 상태, 완료를 나타내는 표현이지만, 문법적인 분류보다 우리말 '～하고 있다', '～애[어] 있다'를 일본어 ～ている로 작문하는 것이 더 중요하다. 우리 말과 비교해서 주의해야 할 점은 行っている와 来ている는 진행과 동시에 완료의 의미로도 사용된다는 것과, '결혼했다'는 結婚(けっこん)している(결혼한 상태이다)라고 표현한다는 것이다.

■ □ 작문해 봅시다

どこ 어디 | **住(す)む** 살다 | **今(いま)** 지금 | **行(い)く** 가다 | **ドア** 문 | **閉(し)まる** 닫히다 | **教(おし)える** 가르치다 | **ここ** 여기 | **何(なに)** 무엇 | **する** 하다

1. 어디에 살고 있습니까?

   ....

2. 지금 일본에 가 있어요.

   ....

3. 문이 닫혀 있어요.

   ....

4. 그녀는 일본어를 가르치고 있어요.

   ....

5. 여기서 무엇을 하고 있었어요?

   ....

～ている＋명사   ～하고 있는 ～, ～애[에] 있는 ～

例 寝(ね)ている猫(ねこ) 자고 있는 고양이

일본어 동사는 명사를 수식할 때 특별한 변형 없이 그냥 명사를 연결하면 되므로 ～ている의 형태 다음에도 얼마든지 명사를 연결할 수 있다. ～ている 다음에 명사를 연결하면 '～하고 있는 ～'라는 표현이 된다.

■ □작문해 봅시다

めがねをかける 안경을 끼다 | 木村(きむら)さん 기무라 씨 | 付(つ)き合(あ)う 사귀다 | 結婚(けっこん)する 결혼하다 | 多(おお)い 많다 | 知(し)る 알다 | 誰(だれ) 누구

1. 저 안경을 끼고 있는 사람이 기무라 씨입니다.

　　...

2. 사귀고 있는 사람이 있습니까?

　　...

3. 결혼한 사람은 많습니까?

　　...

4. 그것을 알고 있는 사람은 누구입니까?

　　...

~ても[でも]いいですか　~해도 좋습니까[됩니까]?

はい、~ても[でも]いいです　네, ~해도 좋습니다[돼요]

いいえ、~ては[では]だめです　아니요, ~하면[해서는] 안 됩니다

예 少(すこ)し見(み)てもいいですか。좀 봐도 됩니까?

はい、見てもいいです。네, 봐도 돼요

いいえ、見てはだめです。아니요, 보면 안 돼요

행동을 하기 전에 상대방의 승낙이나 허락을 구할 때, 또 허가하거나 금지할 때 사용하면 좋은 표현이다.

■ □ 작문해 봅시다

入(はい)る 들어가다 | 写真(しゃしん)を撮(と)る 사진을 찍다 | 人(ひと) 남, 다른 사람 | 話(はな)す 말하다 | 明日(あした) 내일 | 休(やす)む 쉬다 | タバコを吸(す)う 담배를 피우다

1. 들어가도 됩니까?

　...

2. 여기서 사진을 찍으면 안 됩니다.

　...

3. 다른 사람에게 말해서는 안 됩니다.

　...

4. 내일 쉬어도 됩니까?

　...

5. 담배를 피워도 됩니까?

　...

Point 4

～のことですが ～에 대한 건데요

예 待ち合わせのことですが。약속에 관한 건데요.

ことと는 '일', '사건'이라는 뜻이다. ～のこと를 직역하면 '～의 일', '～의 건'이 되겠지만, 자연스럽게 '～에 대한 일', '～에 대한 건'으로 암기하는 것이 좋다. 자신이 말하려는 핵심을 강조하기 때문에 대화 내용을 분명하게 해 주는 표현이다.

■ □ 작문해 봅시다

明日(あした) 내일 | テスト 테스트 | ページ 페이지 | 予約(よやく) 예약 | 日(ひ)にち 날짜 | 変(か)える 바꾸다 | お見合(みあ)い 맞선 | いつ 언제 | いい 좋다 | 会費(かいひ) 회비 | 一人(ひとり) 한 사람 | ～当(あた)り ～당 | 2千円(にせんえん) 2천 엔

1. 내일 테스트에 관한 건데요, 15페이지에서 20페이지까지입니다.

   ....

2. 예약에 대한 건데요, 날짜를 바꾸고 싶어요.

   ....

3. 맞선에 관한 건데요, 언제가 좋아요?

   ....

4. 회비에 관한 건데요, 한 사람당 2천 엔입니다.

   ....

Reply

다음 단어를 사용해서 답장을 써 보세요.

写真(しゃしん) 사진 | 帽子(ぼうし)をかぶる 모자를 쓰다 | 隣(となり) 바로 옆 | めがねをかける 안경을 끼다 | 誰(だれ) 누구 | 似(に)る 닮다 | 妹(いもうと)さん 여동생 | 二人(ふたり) 두 사람 | 美人(びじん) 미인 | 失礼(しつれい) 실례 | 年(とし)を訊(き)く 나이를 묻다 | 聞(き)く 듣다 | 送(おく)る 보내다 | 見(み)る 보다 | がっかりする 실망하다

나오미 씨, 안녕하세요.

사진 고맙습니다.

모자를 쓰고 있는 사람이 나오미 씨군요.

옆에 안경을 끼고 있는 사람은 누구예요?

나오미 씨와 닮았네요. 여동생이세요?

두 분은 정말 미인이시네요.

그런데 실례지만 나이를 물어봐도 될까요?

일본 사람에게 나이를 물어보면 안 된다고 들었습니다만…….

그럼 제 사진도 보냅니다. 보고 실망하지 마세요.

漢字でしりとり 한자 끝말잇기

出発(출발) ··· 発電(발전) ··· 電気(전기) ··· 気候(기후) ··· 候補(후보)
しゅっぱつ　　はつでん　　でんき　　きこう　　こうほ

단어

자동사와 타동사

見える	보이다	見る	보다
聞こえる	들리다	聞く	듣다
始まる	시작되다	始める	시작하다
終わる	끝나다	終える	끝내다
開く	열리다	開ける	열다
閉まる	닫히다	閉める	닫다
上がる	오르다	上げる	올리다
増える	늘다	増やす	늘리다
減る	줄다	減らす	줄이다
起きる	일어나다	起こす	일으키다
落ちる	떨어지다	落とす	떨어뜨리다
壊れる	망가지다	壊す	망가뜨리다
並ぶ	진열되다	並べる	진열하다

※「자동사+ている」는 상태의 표현이 되고「타동사+ている」는 진행의 표현이 된다.

すれ違い
엇갈림

パクさん、こんにちは。

もし、今も怒っているんですか？

私はその日、カンナム駅で地下鉄に乗ったんです。

シンチョン駅はカンナムから5番目だったので、近いなあと思いました。

一時間待ってもパクさんが来なくて、人に訊いたら、

大学があるシンチョンは北の方にあると言いました。

急いで北の方に行ったんですが、もうパクさんは見えなかったんです。

日本人にはどっちも同じ発音に聞こえるんですよ。

あいにくその日はスマートフォンも忘れてしまって…。

先日は本当に申し訳ありませんでした。

상우 씨, 안녕하세요.

혹시 지금도 화가 나 있나요?

저는 그날 강남역에서 지하철을 탔어요.

신천역은 강남에서 다섯번째였기 때문에 가깝구나 하고 생각했습니다.

한 시간 기다려도 상우 씨가 오지 않아서, 다른 사람에게 물어보니 대학이 있는 신촌은 북쪽에 있다고 (말)했습니다. 서둘러 북쪽으로 갔었지만, 이미 상우 씨는 보이지 않았습니다.

일본 사람에게는 양쪽 모두 같은 발음으로 들려거든요. 공교롭게 그날은 스마트폰도 잃어버리고…….

지난번에는 정말 죄송했습니다.

OX 퀴즈

Q. 일본 사람은 길을 잘 모를 때도 그다지 다른 사람에게 물어보려고 하지 않는다?

A. ○

▶ 우리 생각에는 간단히 지나가는 사람에게 물어보면 될 것을 일본인은 주변 지도를 찾아보거나 일부러 가까운 파출소까지 가서 물어보는 것을 볼 수 있습니다. 이걸 보면 일본 사람들이 자신의 문제는 가능한 한 스스로 해결하려는 의지가 강하다는 것을 알 수 있어요.

Point 1

～ても[でも]   ～이라도, ～해도

例 これでもいいです。 이것이라도 좋습니다.
安(やす)くても悪(わる)くないです。 싸도 나쁘지 않습니다.
暇(ひま)でも勉強(べんきょう)しません。 한가해도 공부하지 않습니다.
食(た)べても太(ふと)りません。 먹어도 살찌지 않습니다.

연결형 て형에 조사 も가 연결된 형태로 '～이라도', '～해도'라는 뜻이다. 명사는 ～でも, い형용사는 ～くても, な형용사는 ～でも, 동사는 각 그룹별 활용에 의해 ても나 でも가 된다.

■ □ 작문해 봅시다

いい 좋다 | 高(たか)い 비싸다 | 買(か)う 사다 | きれいだ 예쁘다, 깨끗하다 | 優(やさ)しい 상냥하다 | 覚(おぼ)える 암기하다 | 忘(わす)れる 잊다 | 待(ま)つ 기다리다 | 来(く)る 오다

1. 저라도 좋습니까?

....

2. 비싸도 삽니다.

....

3. 예뻐도 상냥하지 않습니다.

....

4. 암기해도 잊습니다.

....

5. 그녀는 기다려도 오지 않았습니다.

....

～てしまう   ～해 버리다 〈좋지 않은 결과〉

예 壊(こわ)してしまいました。 망가뜨려 버렸습니다.

て형에 しまう(끝내다, 마치다)가 연결되어 '～하고 끝나다', '～해 버리다'라는 표현이 된 것이다. 행동의 완료나 좋지 않은 결과를 나타낼 때 사용한다.

■ □ 작문해 봅시다

別(わか)れる 헤어지다 | 偶然(ぐうぜん)に 우연히 | 聞(き)く 듣다 | 必要(ひつよう)ない 필요 없다 | もの 물건, 것 | ぜんぶ 전부 | 捨(す)てる 버리다 | お金(かね) 돈 | 落(お)とす 잃다

1. 그녀와 헤어져 버렸습니다.

   ....

2. 우연히 들어 버렸습니다.

   ....

3. 필요 없는 것은 전부 버려 버렸습니다.

   ....

4. 돈을 잃어 버렸습니다.

   ....

Point 3

～たら ~했더니 〈의외의 결과〉

例 デパートに行ったら、休みでした。 백화점에 갔더니 휴점이었습니다.

~たら는 앞에서 공부한 바와 같이 '~하면'이라는 뜻의 가정형 어미인 동시에 '~했더니'라는 의외의 결과를 나타내는 어미이기도 하다.

■ □ 작문해 봅시다

家(うち) 집 | 帰(かえ)る 돌아가다 | 誰(だれ)も 아무도 | 箱(はこ) 상자 | 開(あ)ける 열다 | 何(なん)にも 아무것도 | ない 없다 | 意外(いがい)と 의외로 | おいしい 맛있다 | 使(つか)う 사용하다 | 便利(べんり)だ 편리하다 | 薬(くすり)を飲(の)む 약을 먹다 | 治(なお)る 낫다

1. 집에 돌아갔더니 아무도 없었습니다.

   ....

2. 상자를 열었더니 아무것도 없었습니다.

   ....

3. 먹었더니 의외로 맛있었습니다.

   ....

4. 사용했더니 편리했습니다.

   ....

5. 약을 먹었더니 나았습니다.

   ....

Point 4

동사 부정형+ないで ～하지 않고 〈단순 연결〉
동사 부정형+なくて ～하지 않아서 〈이유 연결〉

예 彼女(かのじょ)は来(こ)ないで彼(かれ)が来(き)た。 그녀는 오지 않고 그가 왔다.

彼女が来なくてがっかりした。 그녀가 오지 않아서 실망했다.

'～하지 않고', '～하지 않아서'라는 부정의 연결형은 동사 부정형 ～ない를 사용하면 된다. '～하지 않고(단순 연결)'는 부정형에 그냥 で를 붙이면 되고, 이유를 나타내는 '～하지 않아서'는 ない를 なくて로 변형시킨다. 형용사 연결형과 동사 て형은 하나의 형태가 '～하고', '～해서'라는 두 가지 의미를 나타내지만, 동사 부정형의 경우엔 단순한 연결인지 이유를 나타내는 표현인지에 따라 어미가 달라진다.

■ □ 작문해 봅시다

連絡(れんらく)する 연락하다 | 休(やす)む 쉬다 | 働(はたら)く 일하다 | 道(みち) 길 | 分(わ)かる 알다 | 大変(たいへん)だ 힘들다 | 寝(ね)る 자다 | 待(ま)つ 기다리다 | 恋人(こいびと) 애인 | 寂(さび)しい 쓸쓸하다

1. 연락하지 않아서 미안해요.

   ....

2. 그는 쉬지 않고 일합니다.

   ....

3. 길을 몰라서 힘들었어요.

   ....

4. 지금까지 자지 않고 기다리고 있어요.

   ....

5. 애인이 없어서 쓸쓸해요.

   ....

다음 단어를 사용해서 답장을 써 보세요.

大丈夫(だいじょうぶ)だ 괜찮다 | 電話(でんわ)する 전화하다 | つながる 연결되다 | おかしい 이상하다 | 〜と思(おも)う 〜라고 생각하다 | 逆(ぎゃく)に 반대로 | 方(ほう) 쪽, 편 | 大変(たいへん)だ 힘들다 | 話(はなし)をする 이야기를 하다 | 前(まえ) 전에 | タクシーに乗(の)る 택시를 타다 | 反対(はんたい) 반대 | 方向(ほうこう) 방향 | 行(い)く 가다 | 〜と言(い)う 〜라고 말하다 | 今回(こんかい) 이번 | 残念(ざんねん)だ 유감이다, 아쉽다 | ぜひ 꼭 | また 또 | 会(あ)う 만나다

나오미 씨, 안녕하세요.

전 괜찮아요.

전화해도 연결이 되지 않아서

이상하다고 생각했어요.

반대로 나오미 씨 쪽이 힘드셨네요.

친구에게 나오미 씨 이야기를 했더니,

친구도 전에 택시를 타고 반대 방향으로

가 버린 적이 있다고 말했어요.

이번엔 아쉽지만, 꼭 다시 만나요.

漢字でしりとり 한자 끝말잇기

地下鉄(지하철) ··· 鉄人(철인) ··· 人権(인권) ··· 権利(권리) ··· 利益(이익)

문법

각 품사별 연결형

1. 명사

~で ~이고, ~이어서	~じゃなくて ~이[가] 아니고, 아니어서

例 これは牛肉で、それは豚肉です。 이것은 소고기이고, 그것은 돼지고기입니다.

これは牛肉じゃなくて、豚肉です。 이것은 소고기가 아니고 돼지고기입니다.

昨日は休みで、家にいました。 어제는 휴일이라서 집에 있었습니다.

昨日は休みじゃなくて、働きました。 어제는 휴일이 아니라서 일했습니다.

2. い형용사

~くて ~하고, ~해서	~くなくて ~지 않고, ~지 않아서

例 小さくてかわいいです。 작고 귀엽습니다.

小さくてだめです。 작아서 안 됩니다.

辛くなくておいしいです。 맵지 않고 맛있습니다.

辛くなくていいです。 맵지 않아서 좋습니다.

3. な형용사

~で ~하고, ~해서	~じゃなくて ~지 않고, ~지 않아서

例 簡単で、便利です。 간단하고 편리합니다.

簡単で、いいです。 간단해서 좋습니다.

複雑じゃなくて簡単です。 복잡하지 않고 간단합니다.

複雑じゃなくていいです。 복잡하지 않아서 좋습니다.

4. 동사

~て[で] ~하고, ~해서	~ないで ~하지 않고	~なくて ~하지 않아서

例 友達に会って、食事をしました。 친구를 만나 식사를 했습니다.

友達に会って、楽しかったです。 친구를 만나서 즐거웠습니다.

勉強しないで遊びます。 공부를 하지 않고 놉니다.

勉強しなくて心配です。 공부를 하지 않아서 걱정입니다.

韓国語のパッチムと日本語の漢字
한국어 받침과 일본어 한자

パクさん、お久^{ひさ}しぶりです。

私^{わたし}、韓国^{かんこく}から帰^{かえ}った後^{あと}で、すぐ韓国語^{かんこくご}の勉強^{べんきょう}を始^{はじ}めたんですよ。

毎週水曜日^{まいしゅうすいようび}、会社^{かいしゃ}が終^おわってから、韓国語^{かんこくご}を勉強^{べんきょう}しに行^いきます。

家^{うち}に帰^{かえ}ってからも、寝^ねる前^{まえ}に必^{かなら}ず復習^{ふくしゅう}をしているんですが、

パッチムの読^よみ方^{かた}がまだ難^{むずか}しいです。

たくさん書^かいてみましたが、まだまだ自信^{じしん}がないです。

何^{なに}かいい方法^{ほうほう}はないですか？

あったら、教^{おし}えてください。

상우 씨, 오랜만이에요.

저 한국에서 돌아온 후, 바로 한국어 공부를 시작했어요.

매주 수요일 회사가 끝나고 나서, 한국어를 공부하러 가요.

집에 돌아와서도 자기 전에 꼭 복습을 하고 있는데,

받침을 읽는 방법이 아직 어려워요.

많이 써 봤지만 아직도 자신이 없어요.

뭔가 좋은 방법은 없을까요?

있으면 가르쳐 주세요.

 퀴즈

Q. 일본어 한자의 읽는 법이 여러 가지인 것은 우리말 한자가 음독과 훈독을 갖는 것과 마찬가지다?

A. ○

▶ 일본어의 한자는 하나의 한자를 읽는 방법이 여러 가지라서 어렵다는 분이 많지만, 사실 이것은 한자 표기에 관한 문제입니다. 예를 들어, 한자 「人(사람 인)」의 경우 우리말은 그 뜻과 음을 '사람'과 '인' 모두 같이 한글로 표기하지만, 일본어는 그 의미에 해당하는 한자를 붙여 「人(ひと)-사람」와 「人(じん)-인」으로 표기하기 때문에 일본어 한자는 읽는 법이 여러 가지 있는 것처럼 느껴지는 것입니다.

〜てから　〜하고 나서
〜た後で　〜한 후에

例 ご飯を食べてから、学校へ行きます。밥을 먹고 나서 학교에 갑니다.
　ご飯を食べた後で、学校へ行きます。밥을 먹은 후에 학교에 갑니다.

〜てから는 '〜하고 나서'라는 의미이고, 〜た後で는 단어 그대로 '〜한 후에'라는 뜻이다. 둘 다 어떤 행동을 순차적으로 말할 때 사용하는 표현이다. 그리고 동사의 て형이나 과거형을 만드는 방법이 같아서 두 표현을 서로 전환시키는 것도 어렵지 않다.

■ □ 작문해 봅시다

卒業(そつぎょう)する 졸업하다 | 何(なに) 무엇 | 食事(しょくじ) 식사 | 終(お)わる 끝나다 | お茶(ちゃ)を飲(の)む 차를 마시다 | 砂糖(さとう) 설탕 | 入(い)れる 넣다 | よく 잘 | 混(ま)ぜる 섞다 | 聞(き)く 듣다 | 答(こた)える 대답하다

1. 졸업하고 나서 무엇을 합니까?

....

2. 식사가 끝난 후에 차를 마셨습니다.

....

3. 설탕을 넣은 후에 잘 섞어 주세요.

....

4. 잘 듣고 대답해 주세요.

....

명사+の前に ~전에
동사 기본형+前に ~하기 전에

예 食事の前に手を洗います。 식사 전에 손을 씻습니다.
寝る前に歯を磨きます。 자기 전에 이를 닦습니다.

'~ 전에'는 Point 1의 '~하고 나서 ~하다', '~한 후에 ~하다'와 함께 어떤 행동의 순서를 설명할 때 자주 사용되는 표현이다. 앞에 동사가 올 때는 前に를 그냥 연결하지만, 명사가 올 때는 사이에 조사 の를 꼭 넣어야 한다.

■ □ 작문해 봅시다

旅行(りょこう) 여행 | 情報(じょうほう)を集(あつ)める 정보를 모으다 | 家(うち)に帰(かえ)る 집에 돌아가다, 집에 가다 | 挨拶(あいさつ)をする 인사를 하다 | 入(はい)る 들어오다 | ノックする 노크하다 | 水泳(すいえい) 수영 | 準備体操(じゅんびたいそう)をする 준비체조를 하다

1. 여행 전에 정보를 모읍니다.

   ....

2. 집에 가기 전에 인사를 합니다.

   ....

3. 들어오기 전에 노크하세요.

   ....

4. 수영하기 전에 준비체조를 합니다.

   ....

~てみる ~해 보다

□ ~てみます[みるんです] ~해 봅니다, ~해 봐요
□ ~てみました[みたんです] ~해 봤습니다, ~해 봤어요
□ ~てみましょう ~해 봅시다
□ ~てみましょうか ~해 볼까요?
□ ~てみたいです ~해 보고 싶어요
□ ~てみて ~해 보고
□ ~てみてください ~해 봐 주세요, ~해 보세요
□ ~てみてもいいですか ~해 봐도 됩니까?

て형에 동사 みる를 연결하면 ~てみる(~해 보다)라는 시도의 표현이 된다. みる가 2그룹 동사이므로 공손한 표현은 ~て
みます가 되고, 이것을 활용하여 ~てみましょう, ~てみたい와 같은 권유와 희망의 표현까지 만들 수 있다. 그리고 연결형
~てみて를 이용하여 ~てみてください, ~てみてもいいですか 등의 표현이 가능하다. 회화에서 많이 사용되는 표현이
니 자연스러운 회화를 위해 활용 형태를 통째로 암기해 두자.

■ □ 작문해 봅시다

もう少(すこ)し 좀 더 | 考(かんが)える 생각하다 | 連絡(れんらく)する 연락하다 | 行(い)く 가다 | 何(なん)でも 뭐든 |
選(えら)ぶ 고르다 | 服(ふく) 옷 | 着(き)る 입다

1. 좀 더 생각해 보겠습니다.

   ....

2. 연락해 봤습니까?

   ....

3. 저도 가 보고 싶어요.

   ....

4. 뭐든 골라 보세요.

   ....

5. 이 옷을 입어 봐도 됩니까?

   ....

Point 4

동사 ます형+方   ~하는 방법, ~하는 법

예 読む 읽다 → 読みます 읽습니다 → 読み方 읽는 법

동사 ます형에 方(かた)를 붙이면 '~하는 방법'이라는 뜻이 된다. 이처럼 ます형은 여러 가지 표현을 만들 때 사용되므로 아직 ます형이 어려운 사람은 다시 한 번 복습해 두는 것이 좋다.

■ □ 작문해 봅시다

作(つく)る 만들다 | 簡単(かんたん)だ 간단하다 | 使(つか)う 사용하다 | 分(わ)かる 알다 | それぞれ 각각 | 考(かんが)える 생각하다 | 違(ちが)う 다르다 | 駅(えき)まで 역까지 | 行(い)く 가다 | 教(おし)える 가르치다

1. 만드는 법은 간단해요.

....

2. 사용법을 모르겠어요.

....

3. 사람은 각각 생각하는 방법이 달라요.

....

4. 역까지 가는 방법을 가르쳐 주세요.

....

Reply

다음 단어를 사용해서 답장을 써 보세요.

学校(がっこう) 학교 | 終(お)わる 끝나다 | 学院(がくいん) 학원 | 家(うち) 집 | 帰(かえ)る 돌아오다 | 音楽(おんがく) 음악 | 聞(き)く 들다 | ドラマ 드라마 | 見(み)る 보다 | ハングル 한글 | パッチム 받침 | 難(むずか)しい 어렵다 | それでは 그럼 | 歌(うた) 노래 | 勉強(べんきょう)する 공부하다 | 漢字(かんじ) 한자 | 読(よ)む 읽다 | 毎日(まいにち) 매일 | 一曲(いっきょく)ずつ 한 곡씩 | 寝(ね)る 자다 | 好(この)み 취향 | 添付(てんぷ)する 첨부하다

나오미 씨, 오랜만입니다.
저는 학교가 끝난 후에 일본어 학원에 가요.
그리고 집에 돌아와서는 일본 음악을 듣거나 드라마를 보거나 하고 있어요.
그런데 한글 받침이 어려우세요? 그럼 한국 노래로 공부해 보세요.
저도 일본어 한자의 읽는 법이 어려워서 노래를 들으면서 공부하고 있어요.
매일 한 곡씩 자기 전에 듣고 있어요.
제 취향이지만 한국 노래를 첨부합니다.
들어 보세요.

漢字でしりとり 한자 끝말잇기

自信 (자신) ··· 信用 (신용) ··· 用語 (용어) ··· 語学 (어학) ··· 学問 (학문)

단어

의문 표현

いつ ― どこで ― だれが ― なにを ― どれを ― どうして・なぜ ― どう
언제　　어디서　　누가　　무엇을　　어느 것을　　어째서, 왜　　어떻게

いつか ― どこか ― だれか ― なにか ― どうしてか・なぜか
언젠가, 언제인지　어딘가, 어딘지　누군가, 누군지　뭔가, 무엇인지　어째서인지, 왠지

いつも ― どこも ― だれでも・だれも ― なんでも・なにも
언제나　　어디나　　누구나, 아무도　　무엇이나, 아무것도

Mail 17 韓国語が上手になりたいです
한국어를 잘하고 싶어요

パクさん。

韓国の歌、コマウォヨ。全部、いいですね。

特に私は「愛してもいいですか」が一番気に入っています。

バラードだから聞きやすいし、分かりやすいです。

やっぱり速い曲は聞き取りにくいから、勉強には役に立たないんですね。

歌で勉強し始めて、まだ3日目ですが、

パッチムがおもしろくなりました。

早く韓国語が上手になりたいです。

それから私も日本の歌を送ります。聞いてみてください。

상우 씨.

한국 노래 고마워요. 전부 좋아요.

특히 저는 '사랑해도 될까요?'가 제일 마음에 들어요.

발라드라서 듣기 쉽고, 이해하기 쉬워요.

역시 빠른 곡은 알아듣기가 어려우니까 공부에는 도움이 되지 않죠.

노래로 공부하기 시작하고 아직 3일째이지만,

받침이 재미있어졌어요.

빨리 한국어를 잘하고 싶어요(잘하게 되고 싶어요).

그리고 저도 일본 노래를 보냅니다. 들어 보세요.

 퀴즈

Q. 일본인들도 가라오케에서 다른 사람이 노래할 때 시간 절약을 위해 1절이 끝나면 간주 뒷부분은 끊는다?

A. ✕

▶ 한국에서는 정해진 시간에 많은 곡을 부르기 위해 노래의 뒷부분을 끊고 바로 다음 노래를 시작하는 경우가 종종 있는데, 일본 사람들은 한 곡이 다 끝날 때까지 꼭 기다렸다 노래를 한답니다.

동사 ます형＋やすい　～하기 쉽다, ～하기 편하다
동사 ます형＋にくい　～하기 어렵다, ～하기 힘들다

예 食(た)べる → 食べます → 食べやすい 먹기 쉽다, 먹기 편하다
　　　　　　　　　 → 食べにくい 먹기 어렵다, 먹기 힘들다

동사 ます형에 형용사 やすい를 붙이면 '～하기 쉽다', にくい를 붙이면 '～하기 어렵다'라는 표현이 된다. い형용사 중에 やさしい(쉽다)와 むずかしい(어렵다)가 있지만 이 표현을 사용하지 않고, 일본의 고전어에서 '쉽다'와 '어렵다'로 사용되었던 やすい와 にくい를 사용하는 것에 주의하자.

■ □ 작문해 봅시다

先生(せんせい) 선생님 | 説明(せつめい) 설명 | 分(わ)かる 알다, 이해하다 | 父(ちち) 우리 아버지 | 言(い)う 말하다 |
スマホ 스마트폰 | 使(つか)う 사용하다, 쓰다 | 交通(こうつう) 교통 | 便利(べんり)だ 편리하다 | 住(す)む 살다

1. 선생님 설명은 이해하기 쉬워요.

    ....

2. 우리 아버지에게는 말하기 힘들어요.

    ....

3. 이 스마트폰은 쓰기 편해요.

    ....

4. 여긴 교통이 편리해서 살기 편해요.

    ....

복합동사

□ **동사 ます형 + 始(はじ)める**   ~하기 시작하다

          終(お)える   다 ~하다

          続(つづ)ける   계속 ~하다

          合(あ)う   서로 ~하다

          過(す)ぎる   너무 ~하다

예 話(はな)す 이야기하다 → 話します 이야기합니다

                      話し始める 이야기하기 시작하다

                      話し終える 다 이야기하다

                      話し続ける 계속 이야기하다

                      話し合う 서로 이야기하다

                      話し過ぎる 너무 이야기하다

우리말 '바꿔 타다'가 '바꾸다'와 '타다'를 결합한 형태인 것처럼, 일본어도 단어를 결합하여 더 섬세한 의미를 표현할 수 있다. 특히 동사와 동사가 결합하여 복합동사를 이루는 경우, 앞에 오는 동사는 언제나 ます형으로 연결한다. 위에 나와 있는 복합동사의 예는 정말 많이 사용되는 것이므로 꼭 암기해 두자.

■ □작문해 봅시다

習(なら)う 배우다 | やっと 겨우 | 本(ほん) 책 | 読(よ)む 읽다 | いつまでも 언제까지나 | 歌(うた)う 노래를 부르다 | 昨日(きのう) 어제 | 飲(の)む 마시다 | 頭(あたま) 머리 | 痛(いた)い 아프다

1. 일본어를 배우기 시작했습니다.
    ....

2. 겨우 이 책을 다 읽었습니다.
    ....

3. 언제까지나 계속 노래를 부르고 싶어요.
    ....

4. 어제는 너무 마셔서 머리가 아파요.
    ....

なる　되다, 지다

□ **명사 + になる**　～으로 되다, ～이[가] 되다
□ **い형용사 い → くなる**　～하게 되다, ～아[어]지다
□ **な형용사 だ → になる**　～하게 되다, ～아[어]지다

例　春(はる) → 春になる 봄이 되다
　　暑(あつ)い → 暑く → 暑くなる 덥게 되다, 더워지다
　　静(しず)かだ → 静かに → 静かになる 조용하게 되다, 조용해지다

동사 なる는 일본어에서 아주 중요한 동사 중의 하나로, 각 품사의 연결 형태에 주의해서 암기해야 한다. 먼저 명사의 경우는 なる와 함께 '～이[가] 되다'라는 표현을 만든다. 이때 조사에 주의해야 하는데, 우리말 '이[가]'에 해당한다고 해서 그냥 が를 붙이면 안 된다. 왜냐하면 이때의 '이[가]'는 의미상 주격이 아니기 때문이다. 즉 '～이[가] 되다'를 의미상 같은 표현으로 고치면 '～으로 되다'이므로, 조사는 결과를 나타내는 に를 붙여야 한다. 그리고 형용사에 なる를 연결하여 '～아[어]지다'라는 표현을 만들 때도 '～아[어]지다'는 '～하게 되다'라는 뜻이므로 형용사를 부사형으로 해서 なる를 연결한다.

■ □ 작문해 봅시다

友達(ともだち) 친구 | 髪(かみ)の毛(け) 머리카락 | 短(みじか)い 짧다 | もっと 더 | きれいだ 예쁘다 | 有名(ゆうめい)だ 유명하다

1. 친구가 되고 싶어요.

....

2. 머리가 짧아졌어요.

....

3. 더 예뻐졌네요.

....

4. 그는 유명해졌어요.

....

Point 4

気に入る　마음에 들다
役に立つ　도움이 되다

例 これが気に入ります。 이것이 마음에 들어요.
けっこう役に立ちます。 꽤 도움이 됩니다.

気に入る와 役に立つ는 회화에서 유용하게 쓸 수 있는 표현이므로 암기해 두면 좋다. 특히 気に入る의 경우 동사 入(い)る
는 入(はい)る의 변형이며, 1그룹이면서 2그룹의 모습을 하고 있는 변장동사라는 점에도 주의하자. 그리고 役に立つ를 직역
하면 '역할에 서 있다'는 뜻으로 '충실히 임무를 하다', 즉 '도움이 되다'라는 뜻이다.

■ □작문해 봅시다

> もの 것 | 何(なん) 무엇 | どこ 어디 | この本(ほん) 이 책

1. 마음에 드는 것은 뭐예요?

   ....

2. 저도 도움이 되고 싶어요.

   ....

3. 어디가 마음에 들지 않습니까?

   ....

4. 이 책은 정말 도움이 되었어요.

   ....

134

Reply

다음 단어를 사용해서 답장을 써 보세요.

少(すこ)し 조금 | 嬉(うれ)しい 기쁘다 | 歌(うた) 노래 | 聞(き)き終(お)える 다 듣다 | また 또 | 新(あたら)しい 새롭다 | 送(おく)る 보내다 | 美(うつく)しい 아름답다 | 誤解(ごかい) 오해 | 一番(いちばん) 제일 | 歌詞(かし) 가사 | 分(わ)かりやすい 알기 쉽다 | とても 아주, 참 | いい 좋다 | 早(はや)く 빨리 | 上手(じょうず)だ 잘하다 | なる 되다 | 話(はな)す 말하다 | このごろ 요즘 | かなり 꽤 | 暖(あたた)かい 따뜻하다 | どうだ 어떻다 | 花見(はなみ) 꽃구경, 벚꽃놀이 | まだ 아직

나오미 씨, 안녕하세요.

제가 조금 도움이 되어 기뻐요.

그 노래를 다 들으면 또 새로운 노래를 보낼게요.

그리고 일본 노래 고맙습니다. 저는 '아름다운 오해'가 제일 마음에 들어요.

가사도 알기 쉽고 참 좋네요.

빨리 일본어를 잘하게 돼서 저도 나오미 씨랑 일본어로 말하고 싶어요.

요즘 한국은 꽤 따뜻해졌는데, 도쿄는 어때요?

벚꽃놀이는 아직인가요?

漢字でしりとり 한자 끝말잇기

全部(전부) ··· 部分(부분) ··· 分解(분해) ··· 解説(해설) ··· 説明(설명)
_{ぜんぶ}

📁 문법

ます형을 이용한 표현

동사 ます형 + ながら	~하면서
동사 ます형 + たい	~하고 싶다
동사 ます형 + に行く	~하러 가다
동사 ます형 + に来る	~하러 오다
동사 ます형 + やすい	~하기 쉽다
동사 ます형 + にくい	~하기 어렵다
동사 ます형 + 方	~하는 방법, ~하는 법
동사 ます형 + 始める	~하기 시작하다
동사 ます형 + 終える	다 ~하다
동사 ます형 + 続ける	계속 ~하다
동사 ます형 + 合う	서로 ~하다
동사 ます형 + 過ぎる	너무 ~하다

天才的な彼女

천재적인 그녀

パクさん、オレンマニエヨ。

このごろ、日本語の勉強はうまく行っていますか？

私はやっと韓国語を読めるようになりました。

そして、少し書くこともできますよ。

会話はまだできないんですが、ドラマを見て、

聞き取れる単語も多くなりました。

ぜんぶ、パクさんのおかげです。

これからも韓国語で話せるように続けて頑張りますので、

いろいろ教えてください。

상우 씨, 오랜만이에요.

요즘 일본어 공부는 잘 되어 가나요?

저는 겨우 한국어를 읽을 수 있게 되었어요.

그리고 조금 쓸 줄도 알아요.

회화는 아직 할 수 없지만, 드라마를 보고

알아들을 수 있는 단어도 많아졌어요.

전부 상우 씨덕분이에요.

앞으로도 한국어로 말할 수 있도록 계속해서 열심히 할 테니까

여러 가지 가르쳐 주세요.

 퀴즈

Q. 일본 드라마는 대부분 12회로 끝난다?

A. ○

▶ 일본 드라마는 거의 12회로 끝나요. 우리나라처럼 시청자에 의해 도중에 스토리가 변경된다거나 연장을 하는 일은 거의 없답니다. 왜냐하면 방송국 간의 계약에 의해 한 배우를 3개월 이상 쓸 수 없기 때문이죠.

~할 수 있다 〈가능형〉

□ **1그룹** : 동사의 어미 → 그 어미가 속한 행의 네 번째 음 + る

예 行(い)く : く → け + る → 行ける 갈 수 있다

□ **2그룹** : る 떼고 + られる

예 食(た)べる → 食べられる 먹을 수 있다

□ **3그룹** : 암기

예 来(く)る → 来られる 올 수 있다

する → できる 할 수 있다

동사를 '~할 수 있다'라는 뜻의 가능형으로 바꿀 때도 기준이 되는 것은 동사의 그룹이다. 1그룹은 언제나처럼 동사 어미가 속한 행을 찾아 어미를 그 행의 네 번째 음으로 바꾸고 る를 붙인다. 역시 3그룹은 암기해야 하고, 2그룹은 る를 떼고 가능형 어미 られる만 붙이면 된다. 그리고 이렇게 만들어진 가능동사는 모두 2그룹 동사가 된다는 것도 알아 두자. 또 가능형 동사는 '~이[가] 가능하다'라는 의미에서 목적격 조사를 대신 が를 사용한다는 것에도 주의하자.

■ □ **작문해 봅시다**

話(はな)**す** 말하다 | **また** 또 | **会(あ)う** 만나다 | **うるさい** 시끄럽다 | **寝(ね)る** 자다 | **いつ** 언제 | **来(く)る** 오다 | **何(なに)** 무엇 | **する** 하다

1. 저는 일본어를 말할 수 있어요.

　　　　　　　　　　　　　　　　...

2. 또 만날 수 있습니까?

　　　　　　　　　　　　　　　　...

3. 시끄러워서 잘 수가 없어요.

　　　　　　　　　　　　　　　　...

4. 언제 올 수 있습니까?

　　　　　　　　　　　　　　　　...

5. 당신은 무엇을 할 수 있습니까?

　　　　　　　　　　　　　　　　...

동사 기본형+ことができる ～할 수 있다(～하는 것이 가능하다)
동사 기본형+ことができない ～할 수 없다(～하는 것이 가능하지 않다)

例 行くことができる(=行ける) 갈 수 있다

行くことができない(=行けない) 갈 수 없다

'～할 수 있다'라는 뜻의 가능 표현은 Point 1과 같은 방법 외에도 동사 기본형에 ことができる를 연결하여 만들 수도 있다. 두 가지 표현이 다 많이 사용되므로 서로 바꿔 표현할 수 있도록 연습해 두는 것이 좋다.

■ □ 작문해 봅시다

キムチを作(つく)る 김치를 만들다 | 両親(りょうしん) 부모님 | 嘘(うそ)をつく 거짓말을 하다 | あきらめる 포기하다 | 試合(しあい) 시합 | 勝(か)つ 이기다 | いつでも 언제라도 | 変(か)える 바꾸다

1. 김치를 만들 수 있어요.

....

2. 부모님에게는 거짓말을 할 수가 없어요.

....

3. 그녀를 포기할 수가 있습니까?

....

4. 시합에서 이길 수가 없었습니다.

....

5. 언제라도 바꿀 수가 있습니다.

....

동사 기본형+ように ~하도록
동사 부정형(~ない)+ように ~하지 않도록

例 食(た)べるように 먹도록, 먹게

食べないように 먹지 않도록, 먹지 않게

동사의 기본형과 부정형에 ように를 붙이면 '~하도록', '~하지 않도록'이라는 표현이 된다. 문법적으로는 동사의 부사형이 되는 것이다. 만드는 방법도 쉽고 회화를 자연스럽게 해 주는 표현이니 꼭 암기하자.

■ □ 작문해 봅시다

明日(あした) 내일 | 電話(でんわ)する 전화하다 | 伝(つた)える 전하다 | 忘(わす)れる 잊다 | メモする 메모하다 | まるごと 통째로 | 覚(おぼ)える 암기하다 | 風邪(かぜ)を引(ひ)く 감기에 걸리다 | 注意(ちゅうい)する 주의하다

1. 내일 전화하도록 전해 주세요.

   ....

2. 잊지 않도록 메모하겠습니다.

   ....

3. 통째로 암기하도록 하세요.

   ....

4. 감기에 걸리지 않도록 주의하세요.

   ....

Point 4

동사 기본형＋ようになる ～하게 되다
가능동사＋ようになる ～할 수 있게 되다

예 食(た)べるようになる 먹게 되다
食べられるようになる 먹을 수 있게 되다

Point 3에서와 같이 동사를 부사형으로 만들고 なる를 연결하면 '～하게 되다'라는 표현이 되고, 가능동사를 연결하면 '～할 수 있게 되다'라는 표현이 된다. 사람들의 행동이나 습관은 계속 변화하기 때문에 회화에서도 자주 등장하는 표현 중에 하나이다.

■ □ 작문해 봅시다

将来(しょうらい) 장래 | 考(かんが)える 생각하다 | 漢字(かんじ) 한자 | 読(よ)める 읽을 수 있다 | 話(はな)せる 말할 수 있다 | 納豆(なっとう) 낫토 | 食(た)べられる 먹을 수 있다

1. 장래를 생각하게 됩니다.

   ....

2. 한자를 읽을 수 있게 되었습니다.

   ....

3. 일본어를 말할 수 있게 되고 싶어요.

   ....

4. 낫토를 먹을 수 있게 되었습니다.

   ....

다음 단어를 사용해서 답장을 써 보세요.

もう 벌써 | 読(よ)む 읽다 | 書(か)く 쓰다 | 聞(き)く 듣다 | すごい 대단하다 | 勉強(べんきょう)する 공부하다 | やっと 겨우 | 話(はな)す 말하다 | やっぱり 역시 | 外国語(がいこくご) 외국어 | 女性(じょせい) 여자 | 方(ほう) 쪽, 편 | 早(はや)い 빠르다 | 最近(さいきん) 최근, 요즘 | バイト 아르바이트 | 始(はじ)める 시작하다 | 学院(がくいん) 학원 | それで 그래서 | 忘(わす)れる 잊다 | ドラマ 드라마 | 続(つづ)ける 계속하다 | 頑張(がんば)る 열심히 하다, 노력하다

나오미 씨, 오랜만이에요.

벌써 한국어를 읽을 수 있고, 쓸 수 있고, 들을 수 있어요?

정말 대단하세요.

저는 2년 공부해서 겨우 말할 수 있게 되었어요.

역시 외국어는 여자들 쪽이 빠르네요.

전 요즘 아르바이트를 시작했기 때문에, 일본어 학원에 갈 수가 없어요.

그래서 일본어를 잊어버리지 않도록 일본 드라마를 계속 보고 있어요.

저도 일본어 열심히 할 테니, 나오미씨도 열심히 하세요.

漢字でしりとり 한자 끝말잇기

単語(단어)···語感(어감)···感動(감동)···動物(동물)···物理(물리)

문법

なる의 활용

なる	되다
ならない	되지 않다
なった	되었다
ならなかった	되지 않았다
なるんです (= なります)	됩니다
ならないんです (= なりません)	되지 않습니다
なったんです (= なりました)	되었습니다
ならなかったんです (= なりませんでした)	되지 않았습니다
なって	되고, 되어서
なったり	되기도 하고
なったら	되면
なりたい	되고 싶다
なりたくない	되고 싶지 않다
なりたかった	되고 싶었다
なりたくなかった	되고 싶지 않았다
なりたいです	되고 싶어요
なりたくないです	되고 싶지 않아요
なりたかったです	되고 싶었어요
なりたくなかったです	되고 싶지 않았어요

Mail 19 韓国の映画
한국 영화

パクさん、アンニョンハセヨ。

韓国（かんこく）は昨日（きのう）、雨（あめ）がたくさん降（ふ）ったそうですが、

パクさんのところは大丈夫（だいじょうぶ）でしたか？

ところで、来月（らいげつ）、日本（にほん）で韓国（かんこく）の映画（えいが）

「女王（じょおう）の女（おんな）」を上映（じょうえい）するそうです。

韓国（かんこく）ですごく人気（にんき）だったらしいですが、パクさんも見（み）たんですか？

時代劇（じだいげき）だから韓国（かんこく）らしい雰囲気（ふんいき）があっておもしろそうです。

私（わたし）には少（すこ）し難（むずか）しそうですが、ぜひ見（み）たいです。

상우 씨, 안녕하세요.

한국은 어제 비가 많이 왔다고 하던데,

상우 씨 있는 곳은 괜찮았어요?

그런데 다음 달에 일본에서 한국 영화

'여왕의 여자'를 상영한다고 해요.

한국에서 굉장히 인기였던 것 같은데, 상우 씨도 봤나요?

사극이라 한국다운 분위기가 있어서 재미있을 것 같아요.

저에게는 조금 어려울 것 같지만, 꼭 보고 싶어요.

 퀴즈

Q. 일본의 영화관은 여자만 싸게 해 주는 날이 있다?

A. ○

▶ 일본 영화관들은 매주 수요일을 레디스데이라고 해서 여자들만 할인을 해 주는 곳이 많이 있습니다.

Point 1

～そうだ　～라고 한다 〈전문〉

□ **명사 기본형+そうだ** ～라고 한다
□ **형용사 기본형+そうだ** ～하다고 한다
□ **동사 기본형+そうだ** ～하다고 한다

예 学生(がくせい)だそうです　학생이라고 합니다
　おいしいそうです　맛있다고 합니다
　有名(ゆうめい)だそうです　유명하다고 합니다
　行(い)くそうです　간다고 합니다

각 품사의 기본형(현재, 부정, 과거, 과거부정)에 そうだ를 연결하면 '～라고 한다', '～지 않다고 한다', '～했다고 한다', '～지 않았다고 한다'와 같이 다른 사람으로부터 들은 사실을 전달하는 표현이 된다.

■ □ 작문해 봅시다

晴(は)れる (날씨가) 개다 | **鈴木(すずき)さん** 스즈키 씨 | **病気(びょうき)だ** 아프다 | **休(やす)み** 휴일 | **修学旅行(しゅうがくりょこう)** 수학여행 | **楽(たの)しい** 즐겁다 | **タバコを吸(す)う** 담배를 피우다

1. 내일은 날씨가 갠다고 합니다.

　...

2. 스즈키 씨는 아프다고 합니다.

　...

3. 오늘 일본은 휴일이라고 합니다.

　...

4. 수학여행은 즐거웠다고 합니다.

　...

5. 담배는 피우지 않는다고 합니다.

　...

Point 2

～そうだ ~할 것 같다〈느낌〉

- □ **い형용사** → (い 떼고)+**そうだ** ~하겠다, ~할 것 같다
- □ **な형용사** → (だ 떼고)+**そうだ** ~하겠다, ~할 것 같다
- □ **동사ます형**+**そうだ** ~하겠다, ~할 것 같다

예 高(たか)そうです 비쌀 것 같습니다

まじめそうです 성실할 것 같습니다

落(お)ちそうです 떨어질 것 같습니다

※ いい → よさそうだ 좋겠다, 좋을 것 같다

ない → なさそうだ 없겠다, 없을 것 같다

そうだ는 Point 1에서와 같이 전문을 만들 뿐 아니라 '~하겠다', '~할 것 같다'라고 하는 순간적으로 받은 느낌을 표현하기도 한다. 느낌의 そうだ는 형용사와 동사에 연결할 수 있는데, 이때 い형용사는 어미 い를, な형용사는 어미 だ를 떼고, 동사는 ます형에 そうだ를 연결한다. 형용사 いい는 よさそうだ, ない는 なさそうだ가 된다. 그리고 そうだ는 な형용사처럼 수식형은 そうな, 부사형은 そうに가 된다.

■ □ 작문해 봅시다

何(なん)でも 뭐든 | おいしい 맛있다 | 食(た)べる 먹다 | 難(むずか)しい 어렵다 | 数学(すうがく) 수학 | 問題(もんだい) 문제 | 新婦(しんぷ) 신부 | 幸(しあわ)せだ 행복하다 | 田中(たなか)さん 다나카 씨 | 頭(あたま)がいい 머리가 좋다 | 太(ふと)る 뚱뚱하다 | パンツ 바지 | 破(やぶ)れる 찢어지다

1. 그는 뭐든 맛있게 먹습니다.

2. 어려울 것 같은 수학 문제.

3. 신부는 행복한 것 같았어요.

4. 다나카 씨는 머리가 좋은 것 같아요.

5. 뚱뚱해서 바지가 찢어질 것 같아요.

Point 3

～らしい (듣기에) ~인 것 같다

□ **명사+らしい** (듣기에) ~인 것 같다
□ **형용사 기본형+らしい** (듣기에) ~인 것 같다
□ **동사 기본형+らしい** (듣기에) ~인 것 같다

예 学生らしい (듣기에) 학생인 것 같다
おいしいらしい (듣기에) 맛있는 것 같다
有名らしい (듣기에) 유명한 것 같다
行くらしい (듣기에) 가는 것 같다

우리말 '~ 것 같다'는 그것이 느낌인지, 의견인지, 추측인지 등에 따라 일본어 표현이 모두 달라진다. 그중의 하나가 자신이 들은 사실을 '~인 것 같다'라는 추측 표현으로 할 때 사용되는 らしい이다. 모든 품사의 기본 활용에 연결하는데, 명사와 な형용사의 경우엔 현재형에서 だ를 생략하고 らしい를 붙인다는 점에 주의하자. 이 표현은 Point 1의 전문의 そうだ로 바꿔 표현할 수 있다.

■ □작문해 봅시다

二人(ふたり) 두 사람 | 結婚(けっこん)**する** 결혼하다 | うわさ 소문 | 本当(ほんとう)だ 정말이다 | 最近(さいきん) 최근 | 風邪(かぜ) 감기 | 流行(はや)**る** 유행하다 | 薬(くすり) 약 | 体(からだ) 몸 | いい 좋다 | 斎藤(さいとう)さん 사이토 씨 | 暇(ひま)だ 한가하다

1. 저 두 사람은 결혼하는 것 같아요.   ....

2. 그 소문은 정말인 것 같아요.   ....

3. 최근 감기가 유행하고 있는 것 같아요.   ....

4. 그 약은 몸에 좋은 것 같아요.   ....

5. 사이토 씨는 내일 한가한 것 같아요.   ....

~らしい ～답다, ~스럽다

□ **명사+らしい** ~답다, ~스럽다
  らしくない ~답지 않다
  らしかった ~다웠다
  らしくなかった ~답지 않았다
  らしく ~답게

  예 男らしい 남자답다
  _{おとこ}

  男らしくない 남자답지 않다

  男らしかった 남자다웠다

  男らしくなかった 남자답지 않았다

  男らしく 남자답게

らしい는 Point 3에서와 같이 자신이 들은 사실을 근거로 추측하는 표현 이외에, 명사에 연결하여 '~답다'라는 의미로 사용할 수도 있다. 그리고 이때는 い형용사와 같은 활용을 한다는 것도 같이 기억하자.

■ □ 작문해 봅시다

最近(さいきん) 요즘 | **子供**(こども) 아이, 어린이 | **やっぱり** 역시 | **あなた** 당신 | **女性**(じょせい) 여자 | **好**(す)**きだ** 좋아하다 | **男**(おとこ) 남자 | **一気**(いっき)**飲**(の)**みする** 원샷하다

1. 요즘 어린이는 아이답지 않아요.

   ....

2. 역시 당신다웠어요.

   ....

3. 여자다운 여자가 좋아요.

   ....

4. 남자답게 원샷하세요.

   ....

Reply

다음 단어를 사용해서 답장을 써 보세요.

昨日(きのう) 어제 | すごい 굉장하다 | また 또 | 台風(たいふう)が来(く)る 태풍이 오다 | それで 그래서 | ソウル 서울 | 今(いま)に
も 지금이라도 당장 | 雨(あめ)が降(ふ)る 비가 오다 | 女王(じょおう) 여왕 | 女(おんな) 여자 | もちろん 물론 | 見(み)る 보다 | 監督
(かんとく) 감독 | 俳優(はいゆう) 배우 | あまり 별로 | 期待(きたい)する 기대하다 | 人気(にんき)だ 인기다 | 女性(じょせい) 여자 |
男(おとこ)の人(ひと) 남자 | 出(で)る 나오다 | 言葉(ことば) 말, 단어 | 難(むずか)しい 어렵다 | 内容(ないよう) 내용 | ～と思(おも)う
～라고 생각하다 | ぜひ 꼭

나오미 씨, 안녕하세요.
어제 비는 정말 굉장했어요.
그런데 또 내일부터 태풍이 오대요.
그래서 서울은 지금이라도 당장 비가 올 것 같아요.
'여왕의 여자'요? 물론 저도 봤어요.
(듣기에) 감독도 배우도 별로 기대하지 않았던 것 같은데,
정말 인기였어요.
여자보다 여자다운 남자가 나오거든요.
말은 조금 어려워도, 내용은 재미있을 거라고 생각해요.
꼭 보세요.

漢字でしりとり 한자 끝말잇기

映画(영화) ··· 画面(화면) ··· 面接(면접) ··· 接待(접대) ··· 待遇(대우)

이메일 용어

差出人 (さしだしにん)	보낸 이
宛先 (あてさき)	받는 이
件名 (けんめい)	제목
返信 (へんしん)	답장
受信トレイ (じゅしん)	받은 편지함
新着メール (しんちゃく)	편지 읽기(새로 받은 메일)
送信積み (そうしんずみ)	보낸 편지함
添付ファイル (てんぷ)	첨부 파일
新規作成 (しんきさくせい)	편지 쓰기
下書き (したがき)	임시 보관
アドレス帳 (ちょう)	주소록
アドレスの保存 (ほぞん)	주소 보존
連絡先 (れんらくさき)	연락처
フォルダに移動 (いどう)	편지 이동(폴더 이동)
削除 (さくじょ)	삭제
迷惑メール (めいわく)	스팸 메일
ゴミ箱 (ばこ)	휴지통
お気に入り (きにいり)	즐겨찾기
検索 (けんさく)	검색
チャット	채팅
映像チャット (えいぞう)	화상 채팅
音声チャット (おんせい)	음성 채팅

100日のお祝い
100일 축하 선물

パクさん、こんにちは。

今朝は本当にびっくりしました。

会社に行ったら、パクさんが送ってくれたプレゼントが

届いていたんです。

かわいいプレゼント、ありがとうございます。本当に嬉しかったです。

100日のお祝いに女性は男性に何をあげるんですか？

プレゼントをもらったから、私もパクさんに何か送ってあげたいです。

100日目を覚えてくれて、本当にありがとうございます。

これからもよろしくお願いします。

상우 씨, 안녕하세요.

오늘 아침에는 정말 깜짝 놀랐어요.

회사에 갔더니 상우 씨가 보내 준 선물이 도착해 있었어요.

예쁜 선물 고마워요. 정말 기뻤어요.

100일 축하 선물로 여자는 남자에게 무엇을 주나요?

선물을 받았으니까 저도 상우 씨에게 뭔가 보내 주고 싶어요.

100일째를 기억해 줘서 정말 고마워요.

앞으로도 잘 부탁해요.

 퀴즈

Q. 일본의 주점에서는 다른 가게에서 산 생일 케이크를 가지고 들어가서 생일 축하를 할 수 없다?

A. ○

▶ 꼭 케이크가 아니라도 일본은 그 가게에서 판매하는 것이 아닌 것을 외부에서 사 가지고 들어오는 것에 대해 엄격합니다. 이것은 그 가게의 영업을 방해하는 행위라고 생각하기 때문이죠. 그래서 「持(も)ち入(い)り禁止(きんし)(음식물 반입금지)」라고 쓰여 있는 곳에는 절대 외부에서 산 음식을 가지고 들어갈 수 없으며, 갖고 들어갔다 해도 먹어서는 안 됩니다.

あげる・くれる　주다

□ **나와 관련 있는 상황**

あげる : 내가 A에게 ～을[를] 주다(행동의 주체 '나')　私がAに ～をあげる

くれる : A가 나에게 ～을[를] 주다(행동의 주체 'A')　Aが私に ～をくれる

예 私が友達に本をあげる。내가 친구에게 책을 주다.

　　友達が私に本をくれる。친구가 나에게 책을 주다.

□ **나와 관련 없는 상황**

あげる : A가 B에게 ～을[를] 주다　AがBに～をあげる

예 キムさんがパクさんに本をあげる。김 씨가 박 씨에게 책을 주다.

우리는 '내가 친구에게 책을 주다', '친구가 나에게 책을 주다' 양쪽 모두 동사 '주다'를 사용하지만, 일본에서는 이 경우를 서로 전혀 다른 상황으로 생각해서 주체가 나인 경우는 あげる를, 주체가 남인 경우는 くれる를 사용한다. 또 나와는 상관없이 남이 남에게 무엇인가를 주는 경우는 あげる를 사용한다. 이렇게 우리는 '주다'라는 동사가 하나지만 일본어는 상황에 따라 동사가 달라지므로 먼저 어떤 상황인지, 행동의 주체가 누구인지를 생각하며 동사를 선택하여 표현할 수 있도록 연습하자.

■ □ **작문해 봅시다**

> **チョコレート** 초콜릿 | **指輪**(ゆびわ) 반지 | **おばあさん** 할머니 | **孫**(まご) 손자 | **お菓子**(かし) 과자 | **毎日**(まいにち) 매일 | **猫**(ねこ) 고양이 | **エサ** 먹이 | **勇気**(ゆうき) 용기

1. 나는 그에게 초콜릿을 줍니다.　..

2. 그는 나에게 반지를 줍니다.　..

3. 할머니는 손자에게 과자를 줍니다.　..

4. 나는 매일 고양이에게 먹이를 줍니다.　..

5. 그녀는 나에게 용기를 줍니다.　..

Point 2

〜てあげる・〜てくれる　〜해 주다

例 私(わたし)が友達(ともだち)に本(ほん)を買(か)ってあげる。 내가 친구에게 책을 사 주다.

友達が私に本を買ってくれる。 친구가 나에게 책을 사 주다.

キムさんがパクさんに本を買ってあげる。 김 씨가 박 씨에게 책을 사 주다.

あげる와 くれる 앞에 다른 동사를 연결하면 '〜해 주다'라는 표현이 된다. 이때에도 그 상황과 주체에 따라 あげる와 くれる를 선택하고, 앞의 동사는 て형으로 연결한다.

■ □ 작문해 봅시다

教(おし)える 가르치다 | お母(かあ)さん 어머니 | 子供(こども) 아이 | 本(ほん) 책 | 読(よ)む 읽다 | 信(しん)じる 믿다

1. 나는 그녀에게 한국어를 가르쳐 줍니다.

....

2. 그녀는 나에게 일본어를 가르쳐 줍니다.

....

3. 어머니는 아이에게 책을 읽어 줍니다.

....

4. 그녀는 나를 믿어 줍니다.

....

もらう 받다

□ **나와 관련된 상황**

もらう → くれる : 나는 A로부터 ~을[를] 받다　　私はAから~をもらう

　　　　　　　　　= A는 나에게 ~을[를] 주다　　Aは私に~をくれる

例 私は友達から本をもらう。 나는 친구로부터 책을 받는다.

　友達は私に本をくれる。 친구는 나에게 책을 준다.

□ **나와 관련 없는 상황**

もらう → あげる : A는 B로부터 ~을[를] 받다　　AはBから~をもらう

　　　　　　　　　= B는 A에게 ~을[를] 주다　　BはAに~をあげる

例 AさんはBさんから本をもらう。 A 씨는 B 씨로부터 책을 받는다.

　BさんはAさんに本をあげる。 B 씨는 A 씨에게 책을 준다.

'받다'는 일본어로 もらう이다. '받다'는 '주다'의 상대적인 표현으로 하나의 상황에서 어떤 입장인지에 따라 한쪽은 '받다'가 되고 한쪽은 '주다'가 된다. '나는 친구로부터 책을 받았다'라는 사실을 친구를 주어로 하면 '친구가 나에게 책을 주었다'가 되는 것이다. 즉, '받다'를 '주다'로 바꿔 표현할 수도 있어야 하는데, 이때도 역시 '주다'는 그 상황과 주체에 맞추어 あげる와 くれる 중 하나를 선택하여 표현한다.

■ □ **작문해 봅시다**

父(ちち) 아버지 | お小遣(こづか)い 용돈 | 社員(しゃいん) 사원 | 会社(かいしゃ) 회사 | ボーナス 보너스

1. 저는 아버지로부터 용돈을 받습니다.

....

2. 아버지는 나에게 용돈을 줍니다.

....

3. 사원은 회사로부터 보너스를 받습니다.

....

4. 회사는 사원에게 보너스를 줍니다.

....

あげる・くれるの활용

주다	あげる	くれる
주지 않다	あげない	くれない
주었다	あげた	くれた
주지 않았다	あげなかった	くれなかった
주고, 주어서	あげて	くれて
주지 않고	あげないで	くれないで
주지 않아서	あげなくて	くれなくて
줍니다	あげるんです(あげます)	くれるんです(くれます)
주지 않습니다	あげないんです(あげません)	くれないんです(くれません)
주었습니다	あげたんです(あげました)	くれたんです(くれました)
주지 않았습니다	あげなかったです(あげませんでした)	くれなかったです(くれませんでした)
줍시다	あげましょう	×
줄까요?	あげましょうか	×
주고 싶다	あげたい	×
주고 싶지 않다	あげたくない	×
주고 싶었다	あげたかった	×
주고 싶지 않았다	あげたくなかった	×
주면	あげたら	くれたら

くれる는 상대방의 행동이므로 くれましょう, くれましょうか, くれたい 등은 의미상 성립되지 않는다.

■ □작문해 봅시다

待(ま)つ 기다리다 | 信(しん)じる 믿다 | 何(なに) 무엇 | 誰(だれ)も 아무도 | 言(い)う 말하다 | 子供(こども) 아이 | お金(かね) 돈

1. 기다려 줘서 고마워.

2. 나도 믿어 주고 싶어요.

3. 이것을 주면 무엇을 줄 거예요?

4. 아무도 나에게 그것을 말해 주지 않았습니다.

5. 아이에게 돈을 주지 마세요.

Reply

다음 단어를 사용해서 답장을 써 보세요.

喜(よろこ)ぶ 기뻐하다 | 100日(ひゃくにち) 100일 | だいたい 대체로 | 男性(だんせい) 남자 | 女性(じょせい) 여자 | いろんな イベント 여러 가지 이벤트 | バラ100本(ひゃっぽん) 장미 100송이 | 花束(はなたば) 꽃다발 | 指輪(ゆびわ) 반지 | プレゼント 선물 | 変(か)わらない 변함없다 | 愛(あい)を約束(やくそく)する 사랑을 약속하다 | 恋人(こいびと) 연인 | ただ 그냥 | メル友(とも)になる 메일 친구가 되다 | これからも 앞으로도

나오미 씨, 안녕하세요.

기뻐해 줘서 고마워요.

100일에는 대체로 남자가 여자에게 여러 가지 이벤트를 해 줘요.

장미 100송이의 꽃다발을 주기도 하고, 반지를 주기도 해요.

그리고 여자 친구는 선물을 받고, 변함없는 사랑을 약속하는 거예요.

우리들은 연인은 아니지만, 그냥 100일이라서……

제 메일 친구가 되어 줘서 고마워요.

앞으로도 잘 부탁해요.

漢字でしりとり 한자 끝말잇기

男性(남성) ··· 性格(성격) ··· 格闘(격투) ··· 闘争(투쟁) ··· 争奪(쟁탈)
だんせい　　せいかく　　かくとう　　とうそう　　そうだつ

문법

수여동사

나와 관련이 있는 상황	나와 관련이 없는 상황

① (내가 남에게) 주다
 	
  손윗사람에게 : さしあげる(드리다)
  친구·동료에게 : あげる
  손아랫사람, 동식물에게 : あげる・やる
 	
② (남이 나에게) 주다
 	
  손윗사람이 : くださる(주시다)
  친구·동료가 : くれる
  손아랫사람, 동식물이 : くれる
	① 주다
	
	  타인이 손윗사람에게 : さしあげる(드리다)
	  타인이 친구·동료에게 : あげる
	  타인이 손아랫사람, 동식물에게 : あげる・やる

③ (내가 남으로부터) 받다
 	
  손윗사람으로부터 : いただく
  친구·동료로부터 : もらう
  손아랫사람, 동식물로부터 : もらう
	② 받다
	
	  타인이 손윗사람으로부터 : いただく
	  타인이 친구·동료로부터 : もらう
	  타인이 손아랫사람, 동식물로부터 : もらう

※ いただく의 경우 우리말로 따로 해석되지 않지만, もらう의 겸양어로 윗사람에게는 いただく를 사용하는 것이 좋다.

ロマンチックな韓国人の男性

로맨틱한 한국 남자

パクさん、こんにちは。

やっぱり、韓国は東洋のイタリアのようですね。

ロマンチックなイベントもいろいろあって…。

恋人同士はみんなドラマのような100日のお祝いをするんですね。

韓国の男性はみんなパクさんみたいにやさしいですか?

ドラマを見ると、みんな女性にやさしくてかっこういいですよ。

それで日本の女性が韓国の俳優さんに

はまっているようですが、本当にそうですか?

パクさんももちろん彼女いるでしょう。彼女はいいですね。

韓国の女の人たちが本当にうらやましいです。

상우 씨, 안녕하세요.
역시 한국은 동양의 이탈리아 같아요.
로맨틱한 이벤트도 여러 가지 있고…….
연인끼리는 모두 드라마 같은 100일 축하를 하는군요.
한국 남자는 모두 상우 씨처럼 자상한가요?
드라마를 보면 모두 여자들에게 자상하고 멋있거든요.
그래서 일본 여자들이 한국의 배우들에게
빠져 있는 것 같은데, 정말 그런가요?
상우 씨도 물론 여자 친구 있겠지요? 여자 친구는 좋겠어요.
한국의 여자들이 정말 부러워요.

 퀴즈

Q. 일본 사람들은 업무 중에 회사 전화로 사적인 전화를 하지 않는다?

A. ○

▶ 일본 사람들은 공적인 것과 사적인 것에 대한 구분이 엄격한 편입니다. 그래서 업무 중에 사적인 전화는 되도록 피하고 불가피하게 전화를 할 때는 꼭 자신의 휴대전화를 이용하거나 사내 공중전화를 이용해요. 그래서 일본 남자들은 여자 친구가 업무 중에 전화하는 것을 좋아하지 않는답니다.

～ようだ・～みたいだ (내 생각에는) ~것 같다, ~인가 보다 〈주관적인 추측〉

□ **명사+ようだ·みたいだ** (내 생각에는) ~것 같다, ~인가 보다
□ **형용사 기본형+ようだ·みたいだ** (내 생각에는) ~것 같다, ~인가 보다
□ **동사 기본형+ようだ·みたいだ** (내 생각에는) ~것 같다, ~인가 보다

> 例 学生(がくせい)のようだ / 学生みたいだ (내 생각에는) 학생인 것 같다
>
> おいしいようだ / おいしいみたいだ (내 생각에는) 맛있는 것 같다
>
> 有名(ゆうめい)なようだ / 有名みたいだ (내 생각에는) 유명한 것 같다
>
> 行(い)くようだ / 行くみたいだ (내 생각에는) 가는 것 같다

□ **～ようだ → ～みたいだ**

> 例 学生のようだ → 学生みたいだ
>
> 有名なようだ → 有名みたいだ

～ようだ와 ～みたいだ는 '내 생각에는 ~인 것 같다', '~인 모양이다', '~인가 보다'라는 주관적인 추측을 나타내는 표현이다. 형태는 각 품사의 기본형에 ようだ나 みたいだ를 연결하는데, ようだ의 경우는 よう가 '모양'이라는 의미의 명사이기 때문에 명사에 연결할 때는 ～のようだ, な형용사에 연결할 때는 ～なようだ가 된다. みたいだ는 추측형 어미이므로 그대로 연결하면 되고, 공손한 표현은 です를 붙인다.

■ □ 작문해 봅시다

> 恋人(こいびと) 애인 | **いる** 있다 | **全部**(ぜんぶ) 전부 | **知**(し)る 알다 | **お父**(とう)さん 아버지 | **言葉**(ことば) 말, 단어 |
> **嬉**(うれ)しい 기쁘다 | **山本**(やまもと)さん 야마모토 씨 | **魚**(さかな)が嫌(きら)いだ 생선을 싫어하다

1. 애인은 없는 것 같아요. ....

2. 전부 알고 있는 것 같아요. ....

3. 저 사람이 아버지인 것 같아요. ....

4. 그녀는 그 말이 기뻤나 봐요. ....

5. 야마모토 씨는 생선을 싫어하나 봐요. ....

～のようだ・～みたいだ ～같다〈비유〉

- □ ～のような・～みたいな ~같은
- □ ～のようで・～みたいで ~같고, ~같아서
- □ ～のように・～みたいに ~인 듯이, ~처럼

예 まるで天使のようだ[みたいだ] 마치 천사 같다

天使のような[みたいな]人 천사 같은 사람

まるで天使のようで[みたいで] 마치 천사 같고, 마치 천사 같아서

まるで天使のように[みたいに] 마치 천사인 듯이, 마치 천사처럼

～ようだ와 ～みたいだ는 비유의 표현으로도 사용되며, 형용사 활용을 한다. 비유의 표현은 그 예가 되는 것이 모두 명사이 므로 ～ようだ의 경우는 「명사+のようだ」가 되는 것에 주의하자.

■ □작문해 봅시다

発音(はつおん) 발음 | まるで 마치 | 木村(きむら)さん 기무라 씨 | タイプ 타입 | 別人(べつじん) 다른 사람 | びっくり する 깜짝 놀라다 | 時間(じかん) 시간 | 夢(ゆめ) 꿈 | 流(なが)れる 흐르다

1. 발음이 마치 일본 사람 같아요.

....

2. 기무라 씨 같은 타입이 좋아요.

....

3. 다른 사람 같아서 깜짝 놀랐어요.

....

4. 시간이 꿈처럼 흘렀어요.

....

Point 3

AとBする　A하면 B한다 〈당연한 결과에 대한 가정〉

□ **명사だ+と** ～이라면
□ **형용사 기본형+と** ～하면
□ **동사 기본형+と** ～하면

예 日本人だと日本語が分かる。 일본 사람이라면 일본어를 안다.

うるさいと勉強できない。 시끄러우면 공부할 수 없다.

静かだと勉強できる。 조용하면 공부할 수 있다.

春になると花が咲く。 봄이 되면 꽃이 핀다.

～とは '～와[과]', '～라고'라는 뜻의 조사뿐 아니라 '～하면'이라는 뜻의 가정형 어미도 된다. 일본어에는 가정형이 4가지 있는데(192p 참고), ～とは 이미 결과를 알면서 상황을 가정하는 가정법을 만든다. 각 품사의 기본형 뒤에 と를 붙이면 된다.

■ □ 작문해 봅시다

> 足(た)す 더하다 | なる 되다 | 寒(さむ)い 춥다 | 熱(あつ)い 뜨겁다 | お茶(ちゃ)を飲(の)む 차를 마시다 | 一生懸命
> (いっしょうけんめい)に 열심히 | 子供(こども) 어린이, 아이 | 入場料(にゅうじょうりょう) 입장료 | 半額(はんがく) 반액

1. 2에 2를 더하면 4가 됩니다.

　　..

2. 추우면 뜨거운 차를 마시고 싶어요.

　　..

3. 좋아하면 열심히 해요.

　　..

4. 어린이라면 입장료는 반액입니다.

　　..

Point 4

〜でしょう　〜지요?, 〜겠지요 〈확인·단정〉

□ **명사:**　これでしょう。이것이지요?, 이것이겠지요.
　　　　　これだったでしょう。이것이었지요?, 이것이었겠지요.

□ **형용사:**　おもしろいでしょう。재미있지요?, 재미있겠지요.
　　　　　おもしろかったでしょう。재미있었지요?, 재미있었겠지요.

　　　　　まじめでしょう。성실하지요?, 성실하겠지요.
　　　　　まじめだったでしょう。성실했지요?, 성실했겠지요.

□ **동사:**　来るでしょう。오지요?, 오겠지요.
　　　　　来たでしょう。왔지요?, 왔겠지요.

각 품사의 기본형에 でしょう를 붙이면 '〜이죠?', '〜하죠?'라고 사실을 확인하는 표현 또는 '〜지요', '〜겠지요'라는 단정의 표현이 된다. 그리고 확인을 할 때는 주로 억양을 올려서 발음하는 경향이 있다.

■ □ 작문해 봅시다

今日(きょう) 오늘 | 連絡(れんらく) 연락 | スタイル 스타일 | 変(か)える 바꾸다 | かわいい 예쁘다 | 住(す)む 살다 | 上手(じょうず)だ 잘하다 | 肉(にく) 고기 | たくさん 많이 | 食(た)べる 먹다

1. 저 사람은 일본 사람이죠?

2. 오늘은 연락이 있겠죠.

3. 스타일을 바꿔 봤어요. 예쁘죠?

4. 일본에서 살았으니까 일본어는 잘하겠죠.

5. 고기 좋아하죠? 많이 드세요.

162

Reply

다음 단어를 사용해서 답장을 써 보세요.

多(おお)くの人(ひと) 많은 사람 | イタリア 이탈리아 | 〜と言(い)う 〜라고 하다 | にんにく 마늘 | 辛(から)い 맵다 | 食(た)べ物(もの) 음식 | ロマンチックにする 로맨틱하게 하다 | 女性(じょせい) 여자 | 男性(だんせい) 남자 | ドラマ 드라마 | やさしい 자상하다 | 〜と思(おも)う 〜라고 생각하다 | もちろん 물론 | いる 있다 | でも 하지만 | みんな 모두 | そうではない 그렇지 않다 | バカ 바보 | 男(おとこ) 남자 | 実(じつ)は 실은 | 彼女(かのじょ) 여자 친구 | この間(あいだ) 얼마 전 | 別(わか)れる 헤어지다

나오미 씨, 안녕하세요.

많은 사람이 한국은 이탈리아와 같다고 말해요.

마늘이랑 매운 음식이 사람을 로맨틱하게 하나 봐요.

일본 여자들은 한국 남자가 드라마처럼 자상하다고 생각하고 있는 것 같은데,

드라마는 드라마예요.

물론 자상한 사람도 있겠죠. 하지만 모두 그렇지는 않아요.

저같이 바보 같은 남자도 있거든요.

실은 저 여자 친구가 있었는데, 얼마 전에 헤어졌거든요.

漢字でしりとり 한자 끝말잇기

俳優(배우) ··· 優秀(우수) ··· 秀才(수재) ··· 才能(재능) ··· 能力(능력)
はいゆう　　　ゆうしゅう　　　しゅうさい　　　さいのう　　　のうりょく

'~것 같다'로 해석되는 일본어 표현

~そうだ (느낌에 대한 표현)	📝 あのケーキはおいしそうです. 　저 케이크는 맛있을 것 같아요. ☞ 케이크를 본 순간의 느낌을 말하는 표현
~らしい (남으로부터 들은 내용을 추측의 형식으로 전달하는 표현)	📝 このごろ、風邪がはやっているらしいです. 　요즘 감기가 유행하고 있는 것 같아요. → このごろ、風邪がはやっているそうです. 　요즘 감기가 유행하고 있다고 합니다. ☞ らしい는 전문의 そうだ로 바꿔 쓸 수 있다.
~ようだ・~みたいだ (개인적인 추측과 비유)	📝 何か秘密があるようです. 　뭔가 비밀이 있는 것 같아요. 〈추측〉 　なぞのような話　수수께끼 같은 이야기 〈비유〉
~と思う (겸손한 의견)	📝 これが似合うと思います. 　이것이 어울리는 것 같아요.(어울린다고 생각해요.)

ひょっとして、誤解？
혹시 오해?

パクさん、こんにちは。

そんなことがあったんですか？

つらいことを思い出させてごめんなさい。

ひょっとして、私のせいですか？

私とのメールが彼女を怒らせたんじゃないですか？

もし、そうだったら、彼女にメールさせてください。

彼女が理解してくれるかどうか分かりませんが、

私はちゃんと結婚しているし、パクさんは普通のメル友だと

彼女を理解させます。

何でも私にできる事があったら、教えてください。

상우 씨, 안녕하세요.

그런 일이 있었나요?

힘든 일이 생각나게 해서 미안해요.

혹시, 저 때문인가요?

저와의 메일이 여자 친구를 화나게 한 것은 아닌가요?

만약 그렇다면, 여자 친구에게 메일을 하게 해 주세요.

여자 친구가 이해해 줄지 어떨지 모르지만,

저는 분명히 결혼을 했고, 상우 씨는 그냥 메일 친구라고 그녀를 이해시킬게요.

뭐든 제가 할 수 있는 일이 있다면 알려 주세요.

 퀴즈

Q. 일본에서는 지하철 안에서 자유롭게 휴대전화 통화를 할 수 없다?

A. ○

▶ 일본 사람들은 지하철 내에서 휴대전화 통화를 하는 것을 다른 사람들에게 폐가 되는 비상식적인 행동으로 여기기 때문에 아주 급한 일이 아니면 최대한 피하는 게 좋아요.

～せる・～させる ～시키다, ～하게 하다 〈사역형〉

□ **1그룹** : 동사의 어미 → 그 어미가 속한 행의 첫 번째 음 +せる

　例 行く：く → か+せる → 行かせる 가게 하다

　※ 어미가 う인 동사는 わせる로 변한다.

　例 会う → 会わせる 만나게 하다

□ **2그룹** : る 떼고 +させる

　例 食べる → 食べさせる 먹게 하다

□ **3그룹** : 암기

　例 来る → 来させる 오게 하다

　　する → させる 하게 하다

'～하게 하다', '～시키다'라는 뜻의 사역 표현을 만들 때도 동사는 그룹에 따라 다른 활용을 한다. 역시 3그룹은 암기해야 하고, 2그룹은 る를 떼고 사역형 어미 させる를 붙인다. 1그룹은 언제나처럼 어떤 어미로 끝나는지를 확인하고, 그 어미가 속한 행의 첫 번째 음으로 바꾼 후에 사역형 어미 せる를 연결하면 된다. 또 어미가 う인 동사는 あせる가 아니라 わせる가 되는 것에 주의하고, 이렇게 만들어진 사역형 동사들은 모두 2그룹 동사가 된다는 사실도 함께 기억하자.

■ □ 작문해 봅시다

冗談(じょうだん) 농담 | 笑(わら)う 웃다 | いろいろ 여러 가지 | 考(かんが)える 생각하다 | 問題(もんだい) 문제 | 子供 (こども) 아이 | いい 좋다 | 待(ま)つ 기다리다 | 困(こま)る 곤란하다

1. 농담으로 사람을 웃게 합니다.

2. 이것은 여러 가지 생각하게 하는 문제네요.

3. 아이에게 무엇을 시키면 좋습니까?

4. 기다리게 해서 미안해요.

5. 곤란하게 하지 마세요.

동사 사역형+てください ~하게 해 주세요

예 行かせてください。 가게 해 주세요.

사역형 동사를 て형으로 하고 뒤에 ください를 연결하면 '~하게 해 주세요'라는 표현이 된다. Point 1에서 확인한 것처럼 모든 사역형 동사는 2그룹이 되므로 て형을 만들 때는 る를 떼고 て를 연결하기만 하면 된다.

■ □ 작문해 봅시다

本人(ほんにん) 본인 | 会(あ)う 만나다 | 説明(せつめい)する 설명하다 | ちょっとだけ 조금만 | 休(やす)む 쉬다 | 一人(ひとり)に 혼자

1. 본인을 만나게 해 주세요.

   ....

2. 설명하게 해 주세요.

   ....

3. 조금만 쉬게 해 주세요.

   ....

4. 혼자 있게 해 주세요.

   ....

Point 3

～のせいだ ～탓이다

예 全部、私のせいです。 전부 제 탓입니다. (저 때문이에요.)

ぜんぶ / わたし

～せいだ는 좋지 않은 결과에 대한 원인을 말할 때 사용할 수 있는 표현인데, 세이가 명사이므로 앞에 다른 명사가 연결될 때는 꼭 の를 넣어야 한다. ～せいで(～ 탓에), ～せいに(～ 탓으로)와 같은 형태로도 많이 쓰니까 같이 알아 두자.

■ □ 작문해 봅시다

誰(だれ) 누구 | 教育(きょういく) 교육 | 子供(こども) 아이 | 頭(あたま)が痛(いた)い 머리가 아프다 | 人(ひと) 남, 타인

1. 누구 탓입니까?

   ....

2. 그것은 교육의 탓이 아닙니다.

   ....

3. 아이 탓에 머리가 아파요.

   ....

4. 남의 탓으로 하지 마세요.

   ....

～かどうか分かりません ～지 어떨지 몰라요

예 行くかどうか分かりません。 갈지 어떨지 몰라요.

～ですな ～ます의 끝에 붙여 의문형을 만드는 ～か는 문장 중에서는 '～인지,' '～인가'라는 표현을 만든다. 모든 품사에 연결할 수 있으며, 주로 뒤에 分(わ)かりません이나 知(し)りません이 연결되어 '～인지 몰라요'라는 표현이 된다.

■ □ 작문해 봅시다

本物(ほんもの) 진품 | 会(あ)える 만날 수 있다 | 家(うち) 집 | 電話(でんわ)する 전화하다 | おいしい 맛있다 | 召(め)し上(あ)がる 드시다

1. 그것이 진품인지 어떨지 몰라요.

　　..

2. 내일 만날 수 있을지 어떨지 몰라요.

　　..

3. 지금 집에 있을지 어떨지 모르지만 전화해 볼게요.

　　..

4. 맛이 있을지 어떨지 모르지만 드세요.

　　..

Reply

다음 단어를 사용해서 답장을 써 보세요.

私(わたし)たち 저희들 | こと 일 | ~のせい ~탓 | 優柔不断(ゆうじゅうふだん)だ 우유부단하다 | 性格(せいかく) 성격 | 怒(おこ)る 화내다 | 両親(りょうしん) 부모님 | 反対(はんたい) 반대 | 泣(な)く 울다 | 多(おお)い 많다 | これ以上(いじょう) 더 이상 | 不幸(ふこう)にする 불행하게 하다 | 忘(わす)れる 잊다 | 頑張(がんば)る 노력하다 | とにかく 아무튼 | 心配(しんぱい)する 걱정하다

나오미 씨, 안녕하세요.
저희들 일은 나오미 씨탓이 아니에요.
저의 우유부단한 성격이 그녀를 화나게 한 것 같아요.
부모님들 반대도 있었고…….
제가 그녀를 울게 한 일이 많았거든요.
더 이상 그녀를 불행하게 하고 싶지 않았어요.
잊을 수 있을지 어떨지 모르지만, 노력해 볼게요.
아무튼 걱정하게 해서 죄송해요.

漢字でしりとり 한자 끝말잇기

結婚(けっこん)(결혼) ··· 婚礼(こんれい)(혼례) ··· 礼服(れいふく)(예복) ··· 服装(ふくそう)(복장) ··· 装飾(そうしょく)(장식)

문법

사역동사의 활용

読む 읽다 → 読ませる 읽게 하다		寝る 자다 → 寝させる 자게 하다	
読ませる	읽게 하다	寝させる	자게 하다
読ませない	읽게 하지 않다	寝させない	자게 하지 않다
読ませた	읽게 했다	寝させた	자게 했다
読ませなかった	읽게 하지 않았다	寝させなかった	자게 하지 않았다
読ませます	읽게 해요	寝させます	자게 해요
読ませません	읽게 하지 않아요	寝させません	자게 하지 않아요
読ませました	읽게 했어요	寝させました	자게 했어요
読ませませんでした	읽게 하지 않았어요	寝させませんでした	자게 하지 않았어요
読ませたい	읽게 하고 싶다	寝させたい	자게 하고 싶다
読ませたくない	읽게 하고 싶지 않다	寝させたくない	자게 하고 싶지 않다
読ませたかった	읽게 하고 싶었다	寝させたかった	자게 하고 싶었다
読ませたくなかった	읽게 하고 싶지 않았다	寝させたくなかった	자게 하고 싶지 않았다
読ませて	읽게 하고, 읽게 해서	寝させて	자게 하고, 자게 해서
読ませたら	읽게 하면	寝させたら	자게 하면
読ませよう	읽게 해야지, 읽게 하자	寝させよう	자게 해야지, 자게 하자

両親に反対されても
부모님이 반대해도

パクさん、こんにちは。

私のせいで、パクさんが振られたのかと思って心配でした。

ところで、韓国では親に反対されて、別れることが多いんですか？

ドラマにもよく出るんですが、本当にそうですか？

日本ではいくら反対されても、

本人たちが愛しているなら結婚しますよ。

人に何と言われても、自分の人生ですからね。

お互いまだ好きなら、もう一度頑張ってみてください。

상우 씨, 안녕하세요.

저 때문에 상우 씨가 차인 것인가 하고 걱정했어요.

그런데 한국에서는 부모님이 반대해서 헤어지는 일이 많나요?

드라마에도 자주 나오는데, 정말 그래요?

일본에서는 아무리 반대해도,

본인들이 사랑한다면 결혼하거든요.

다른 사람이 뭐라고 말해도 자신의 인생이니까요.

서로 아직 좋아한다면 다시 한 번 노력해 보세요.

 퀴즈

Q. 일본에서는 아들이 아버지 앞에서 아무렇지 않게 담배를 피운다?

A. ○

▶ 일본의 부모도 물론 자식이 미성년자일 때는 담배나 술에 대해 주의를 주지만, 자식이 성인이 되면 부모도 자식을 성인으로 인정하기 때문에 부자지간이라고 해도 대등한 성인으로 인식합니다. 그래서 아버지와 아들이 아무렇지 않게 담배를 나눠 피우는 경우도 많아요.

172

〜れる・〜られる　〜되어지다, 〜당하다, 〜받다 〈수동형〉

□ **1그룹** : 동사의 어미 → 그 어미가 속한 행의 첫 번째 음 +れる

　　例 書く : く → か + れる → 書かれる 쓰여지다

※ 어미가 う인 동사는 われる로 변한다.

　　例 買う → 買われる 팔리다

□ **2그룹** : る 떼고 +られる

　　例 食べる → 食べられる 먹히다

□ **3그룹** : 암기

　　例 来る → 来られる 오는 행동을 당하다

　　　する → される 당하다

수동형은 부정형, 사역형을 만들 때와 같은 방법으로 만든다. 3그룹은 암기하고, 2그룹은 る를 떼고 수동형 어미 られる를 붙인다. 1그룹은 어미가 속한 행의 첫 번째 음으로 바꾼 후에 れる를 연결하고, 역시 어미가 う인 동사는 あれる가 아니라 われる가 된다. 그리고 모든 수동태 동사는 2그룹이 된다는 것도 잊지 말자.

■ □작문해 봅시다

子供(こども) 아이 | 親(おや) 부모 | 叱(しか)る 야단치다 | 泥棒(どろぼう) 도둑 | お金(かね) 돈 | 盗(ぬす)む 훔치다 | 時々(ときどき) 때때로 | 先生(せんせい) 선생님 | 注意(ちゅうい)する 주의하다 | 会社(かいしゃ) 회사 | 部長(ぶちょう) 부장 | 誉(ほ)める 칭찬하다 | 恋人(こいびと) 애인 | 振(ふ)る 차다

1. 아이는 부모에게 야단을 맞습니다.　...

2. 도둑에게 돈을 도둑맞았습니다.　...

3. 때때로 선생님에게 주의를 받습니다.　...

4. 회사에서 부장님에게 칭찬을 받았습니다.　...

5. 애인에게 차였어요?　...

의역해야 하는 수동형

□ 言う → 言われる 말 되어지다, ~라는 말을 듣다

□ 行く → 行かれる 가는 행동을 당하다, ~가 가다 (그래서 피해를 입다)

□ 泣く → 泣かれる 우는 행동을 당하다, ~가 울다 (그래서 곤란하다)

□ 死ぬ → 死なれる 죽는 일을 당하다, (사고나 병으로) ~가 죽다

□ 殺す → 殺される 죽임을 당하다

□ 来る → 来られる 오는 행동을 당하다, ~가 오다 (그래서 곤란하다)

□ 降る → 降られる (눈 · 비를) 맞다

수동형에서 주의해야 할 것은 우리말 해석이다. 우리말에는 '보이다', '팔리다', '먹히다'와 같이 수동의 의미를 갖는 피동사는 있지만, 영어의 수동태처럼 모든 동사를 어떤 특정한 형식을 이용해서 수동의 의미로 표현하는 방법은 없다. 하지만 일본어도 영어와 같이 모든 동사를 수동태로 할 수 있기 때문에 우리말 중 피동사가 없는 동사들의 경우 해석할 때 어색함을 느끼게 되는 것이다. 우리말로는 '~이[가] ~하다'라는 표현이라 할지라도 말하는 사람이 상대방으로부터 어떤 행동을 당했을 때는 「~に+수동형(~에게 ~을 당하다)」의 형태로 표현하는 경우가 있으니 위에 언급한 동사는 통째로 암기해 두는 것이 좋다.

■ □ 작문해 봅시다

友達(ともだち) 친구 | 悪口(わるぐち)を言(い)う 욕을 하다 | 子供(こども)の時(とき) 어렸을 때 | 親(おや)が死(し)ぬ 부모가 죽다 | いきなり 갑자기 | お客(きゃく)さんが来(く)る 손님이 오다 | 困(こま)る 곤란하다 | 登山(とざん)に行(い)く 등산을 가다 | 雨(あめ)が降(ふ)る 비가 오다

1. 친구에게 욕을 들었습니다.

   ....

2. 어렸을 때 부모님이 돌아가셨습니다.

   ....

3. 갑자기 손님이 왔기 때문에 곤란했습니다.

   ....

4. 어제 등산을 가서 비를 맞았습니다.

   ....

Point 3

~なら (~지 어떨지 모르지만) ~이라면, ~하다면 〈불확실한 조건의 가정〉

□ **명사**: これなら 이것이라면

これだったなら 이것이었다면

□ **형용사**: かわいいなら 귀엽다면

かわいかったなら 귀여웠다면

嫌^{きら}いなら 싫다면

嫌^{きら}いだったなら 싫었다면

□ **동사**: 選^{えら}ぶなら 고른다면

選^{えら}んだなら 골랐다면

なら는 불확실한 조건을 나타내는 가정법으로 'A인지 어떨지 모르지만 A라면'이라는 의미의 가정 표현을 만든다. 모든 품사의 기본형(현재, 부정, 과거, 과거부정)에 연결할 수 있는데, 명사와 な형용사의 경우 현재형에서 だ를 생략하는 것에 주의하자.

■ □ **작문해 봅시다**

> お茶(ちゃ) 녹차 | 静岡(しずおか) 시즈오카 | いい 좋다 | 楽(たの)しい 즐겁다 | 止(や)める 그만두다 | 嫌(きら)いだ 싫다
> | 食(た)べる 먹다 | 買(か)う 사다 | 安(やす)くする 싸게 하다

1. 녹차라면 시즈오카의 녹차가 좋아요.

....

2. 즐겁지 않으면 그만두세요.

....

3. 싫으면 먹지 마세요.

....

4. 살 거라면 싸게 할게요.

....

Point 4

いくら～ても[でも] 아무리 ~해도

例 いくら呼んでも返事がないです。 아무리 불러도 대답이 없습니다.

いくら暑くてもクーラーを使いません。 아무리 더워도 에어컨을 사용하지 않습니다.

いくら嫌でもしょうがないです。 아무리 싫어도 어쩔 수 없어요.

いくら는 원래 '얼마'라는 뜻이지만 뒤에 ～ても[でも](~해도)를 연결하면 '아무리 ~해도'라는 표현이 된다. 많이 쓰이는 표현이니까 통째로 암기하는 것이 좋다.

■ □ 작문해 봅시다

頑張(がんば)る 노력하다 | できる 할 수 있다 | 頼(たの)む 부탁하다 | 聞(き)いてくれる 들어주다 | 探(さが)す 찾다 | ない 없다 | 高(たか)い 비싸다 | 買(か)う 사다 | きれいだ 예쁘다 | タイプ 타입

1. 아무리 노력해도 할 수 없어요.

   ....

2. 아무리 부탁해도 들어주지 않아요.

   ....

3. 아무리 찾아도 없어요.

   ....

4. 아무리 비싸도 살 겁니다.

   ....

5. 아무리 예뻐도 제 타입이 아닙니다.

   ....

Reply

다음 단어를 사용해서 답장을 써 보세요.

実(じつ)は 실은 | ~より ~보다 | ~才(さい) ~살 | 年上(としうえ) 연상 | 最初(さいしょ) 처음 | 人(ひと) 다른 사람들 | どう 어떻게 | 思(おも)う 생각하다 | 自信(じしん) 자신 | でも 하지만 | 両方(りょうほう) 양쪽 | 両親(りょうしん) 부모님 | 反対(はんたい)する 반대하다 | とても 아주, 매우 | つらい 괴롭다 | 無視(むし)する 무시하다 | ~と言(い)う ~라고 말하다 | やっぱり 역시 | 認(みと)める 인정하다 | しかし 그러나 | 今(いま) 지금 | 忘(わす)れる 잊다 | の~하는 것 | もっと 더

나오미 씨, 안녕하세요.
실은 그녀가 저보다 두살 연상이에요.
처음에는 다른 사람들에게 어떻게 생각되어도 자신이 있었어요.
하지만 양쪽 부모님에게 반대를 받는 것은 아주 힘들었어요[괴로웠어요].
그녀는 부모님에게 무시를 당해도 좋다고 말했지만
전 역시 부모님에게 인정받고 싶었어요.
그러나 지금은 그녀를 잊는 것이 더 힘드네요.

漢字でしりとり 한자 끝말잇기

反対(반대) ··· 対決(대결) ··· 決定(결정) ··· 定期(정기) ··· 期限(기한)

はんたい　たいけつ　けってい　ていき　きげん

수동태의 활용

笑う 웃다 → 笑われる 웃음거리가 되다		見る 보다 → 見られる 보여지다	
笑われる	웃음거리가 되다	見られる	보여지다
笑われない	웃음거리가 되지 않다	見られない	보여지지 않다
笑われた	웃음거리가 되었다	見られた	보여졌다
笑われなかった	웃음거리가 되지 않았다	見られなかった	보여지지 않았다
笑われます	웃음거리가 돼요	見られます	보여져요
笑われません	웃음거리가 되지 않아요	見られません	보여지지 않아요
笑われました	웃음거리가 되었어요	見られました	보여졌어요
笑われませんでした	웃음거리가 되지 않았어요	見られませんでした	보여지지 않았어요
笑われたい	웃음거리가 되고 싶다	見られたい	보여지고 싶다
笑われたくない	웃음거리가 되고 싶지 않다	見られたくない	보여지고 싶지 않다
笑われたかった	웃음거리가 되고 싶었다	見られたかった	보여지고 싶었다
笑われたくなかった	웃음거리가 되고 싶지 않았다	見られたくなかった	보여지고 싶지 않았다
笑われて	웃음거리가 되고, 웃음거리가 되어서	見られて	보여지고, 보여져서
笑われたら	웃음거리가 되면	見られたら	보여지면

まだ、愛しているのに…

아직 사랑하는데……

パクさん、こんにちは。

お互い愛しているのに、どうして別れるんですか？

じゃ、両親の言うとおりにしたら、必ず幸せになるんですか？

人はいろいろ問題を解決しながら、成長するんだと思います。

自ら変わらないと何も得ることはできませんよ。

ご両親の反対にもかかわらず、

パクさんを選んだ彼女、素敵ですね。

放さないでください。

私はパクさんが彼女と幸せになってほしいです。

상우 씨, 안녕하세요.

서로 사랑하는데, 어째서 헤어지나요?

그럼 부모님이 말씀하시는 대로 하면 꼭 행복해지나요?

사람은 여러 가지 문제를 해결하면서 성장한다고 생각해요.

스스로 변하지 않으면 아무것도 얻을 수 없어요.

부모님의 반대에도 불구하고

상우 씨를 선택한 여자 친구, 멋있네요.

놓치지 마세요.

전 상우 씨가 그녀와 행복했으면 좋겠어요.

 퀴즈

Q. 일본 사람은 평소 자기가 즐겨 다니던 가게에서 불쾌한 경험을 했을 때 자신의 불쾌함을 가게 주인에게 호소하고 두 번 다시 가지 않는다?

A. ✕

▶ 일본인이 일단 클레임을 거는 것은 좋은 신호입니다. 그 가게에 대한 애정이 있다는 뜻으로 정말 그 가게에 실망을 했을 때는 그냥 조용히 그 가게에 발길을 끊는 것이 일본인이에요. 즉 일본인으로부터 따끔한 충고를 받았다면 그만큼 애정이 있다는 뜻이기도 합니다.

〜のに 〜인데, 〜한데

□ **명사**: 休(やす)みなのに 휴일인데
休みだったのに 휴일이었는데

□ **い형용사**: かわいいのに 귀여운데
かわいかったのに 귀여웠는데

□ **な형용사**: まじめなのに 성실한데
まじめだったのに 성실했는데

□ **동사**: するのに 하는데
したのに 했는데

각 품사의 기본형(현재, 부정, 과거, 과거부정)에 のに를 연결하면 '〜한데', '〜지 않은데', '〜했는데', '〜하지 않았는데'라는 표현이 된다. 명사와 な형용사의 경우 현재형에서 だ를 な로 고치는 것에 주의하자.

■ □ 작문해 봅시다

出発時間(しゅっぱつじかん) 출발 시간 | まだ 아직 | 来(く)る 오다 | 安(やす)い 싸다 | 売(う)れる 팔리다 | なぜ 왜 | 言(い)う 말하다 | 電話(でんわ)する 전화하다 | 連絡(れんらく) 연락 | ない 없다

1. 출발 시간인데 그는 아직 오지 않습니다.

2. 싼데 팔리지 않아요.

3. 좋아하는데 왜 말하지 않습니까?

4. 전화했는데 연락이 없어요.

～とおり ～대로

□ **명사+のとおり** ～대로
□ **동사 기본형+とおり** ～하는 대로
□ **동사 과거형+とおり** ～한 대로

예 指示のとおり 지시대로

指示するとおり 지시하는 대로

指示したとおり 지시한 대로

とおり에는 여러 가지 의미가 있지만, 여기서는 어떤 상태를 그대로 유지한다는 뜻으로 우리말 '～대로'에 해당한다. 주로 명사나 동사의 기본형, 과거형에 연결하여 '～대로', '～하는 대로', '～한 대로'의 의미가 된다.

■ □ 작문해 봅시다

說明(せつめい) 설명 | 思(おも)う 생각하다 | できる 할 수 있다 | 聞(き)く 듣다 | 話(はな)す 말하다 | おっしゃる 말씀하시다

1. 설명대로 해 봤어요.

....

2. 생각하는 대로 할 수 없어요.

....

3. 들은 대로 말해 주세요.

....

4. 말씀하시는 대로입니다.

....

명사+にもかかわらず ~에도 불구하고

예 反対にもかかわらず 반대에도 불구하고
(はんたい)

Point 1의 ~のに(~인데, ~한데)와 뜻이 비슷하지만, 훨씬 강한 어조의 표현이다.

■ □ 작문해 봅시다

雨(あめ) 비 | 試合(しあい) 시합 | 続(つづ)ける 계속하다 | 店(みせ) 가게 | 不景気(ふけいき) 불경기 | いつも 언제나 | お客(きゃく)さん 손님 | 多(おお)い 많다 | 外国人(がいこくじん) 외국인 | よく知(し)る 잘 알다 | 隣(となり) 이웃 | 誰(だれ) 누구 | 住(す)む 살다 | 分(わ)かる 알다

1. 비에도 불구하고 시합을 계속했다.

....

2. 저 가게는 불경기에도 불구하고 언제나 손님이 많다.

....

3. 그는 외국인임에도 불구하고 일본을 잘 알고 있어요.

....

4. 이웃임에도 불구하고 누가 살고 있는지 몰라요.

....

Point 4

～てほしい   ～해 주길 원한다, ～해 주길 바란다, ～해 주었으면 한다

例 見てほしいです 봐 주길 바래요, 봐 주었으면 해요

見てほしくないです 보길 원하지 않아요, 보지 않았으면 해요

見てほしかったです 봐 주길 바랬어요, 봐 주었으면 했어요

見てほしくなかったです 보길 원하지 않았어요, 보지 않았으면 했어요

ほしい는 '원하다', '바라다'라는 뜻으로 「명사+がほしい」라고 하면 '～을[를] 원하다'라는 표현이 되고, 「동사+てほしい」라고 하면 '～해 주길 바란다', '～해 주었으면 한다'라는 표현이 된다. 아울러 ほしい는 형용사로 い형용사 활용을 한다는 것도 같이 기억해 두자.

■ □ 작문해 봅시다

真剣(しんけん)に 진지하게 | 聞(き)く 듣다 | 一緒(いっしょ)に 같이 | そば 옆, 곁 | いる 있다

1. 진지하게 들어 주길 바라요.

   ....

2. 같이 가 주길 바랬어요.

   ....

3. 저 사람은 오지 않았으면 했어요.

   ....

4. 내 옆에 있어 주길 원해요.

   ....

다음 단어를 사용해서 답장을 써 보세요.

> 読(よ)む 읽다 | いろいろ 여러 가지 | 考(かんが)える 생각하다 | 言(い)う 말하다 | 両親(りょうしん) 부모님 | 反対(はんたい) 반대 |
> 選(えら)ぶ 선택하다 | 卑怯(ひきょう)だ 비겁하다 | 幸(しあわ)せになる 행복해지다 | ~と思(おも)う ~라고 생각하다 | もう一度
> (いちど) 다시 한 번 | 話(はな)す 이야기하다 | いいアドバイス 좋은 어드바이스

나오미 씨, 안녕하세요.

나오미 씨 메일을 읽고 여러 가지 생각을 했어요.

나오미 씨가 말하는 대로예요.

그녀는 부모님의 반대에도 불구하고 저를 선택했는데, 제가 비겁했어요.

부모님도 제가 행복해지길 바란다고 생각하니까

다시 한 번 부모님과 이야기해 볼게요.

좋은 어드바이스 감사했습니다.

漢字でしりとり 한자 끝말잇기

成長(성장) ··· 長身(장신) ··· 身体(신체) ··· 体操(체조) ··· 操作(조작)
せいちょう　　ちょうしん　　しんたい　　たいそう　　そうさ

ほしい의 활용

〜がほしい	〜을 갖고 싶다
〜がほしくない	〜을 갖고 싶지 않다
〜がほしかった	〜을 갖고 싶었다
〜がほしくなかった	〜을 갖고 싶지 않았다

〜がほしいです	〜을 갖고 싶어요
〜がほしくないです	〜을 갖고 싶지 않아요
〜がほしかったです	〜을 갖고 싶었어요
〜がほしくなかったです	〜을 갖고 싶지 않았어요

ほしいもの	갖고 싶은 것
ほしくないもの	갖고 싶지 않은 것
ほしかったもの	갖고 싶었던 것
ほしくなかったもの	갖고 싶지 않았던 것

〜がほしくて	〜을 갖고 싶어서
〜がほしければ	〜을 갖고 싶으면
〜がほしかったら	〜을 갖고 싶으면
〜がほしいなら	〜을 갖고 싶으면
〜がほしいと	〜을 갖고 싶으면

〜てほしいです	〜해 주길 원해요
〜てほしくないです	〜하길 원하지 않아요
〜てほしかったです	〜하길 원했어요
〜てほしくなかったです	〜하길 원하지 않았어요

愛のキューピッド

사랑의 큐피드

パクさん、お久しぶりです。

本当によかったですね。おめでとうございます。

パクさんならできると思いました。

本当に愛すれば、どんな事があっても結ばれるんです。

結婚式の時はぜひ、私を招待しなければなりませんよ。

私は二人の愛のキューピッドですから。

服も買わなければならないし、

飛行機の予約もしなければならないので、

日にちが決まったら、できるだけ早く教えてください。

상우 씨, 오래만이에요.

정말 잘됐네요. 축하해요.

상우 씨라면 할 수 있다고 생각했어요.

정말로 사랑하면 어떤 일이 있어도 맺어지는 거예요.

결혼식 때는 꼭 나를 초대해야만 해요.

난 두 사람의 사랑의 큐피드이니까요.

옷도 사야 하고, 비행기 예약도 해야 하니까

날짜가 정해지면 가능한 한 빨리 알려 주세요.

 퀴즈

Q. 일본 결혼식은 청첩장이 없어도 참석할 수 있다?

A. ×

▶ 일본 결혼식은 꼭 청첩장이 있어야 참석할 수 있습니다. 장내에서도 아무데나 앉을 수 있는 것이 아니라 꼭 자신의 이름표가 있는 곳에 앉아야 합니다. 그리고 축의금도 정해진 봉투를 사용해야 하며, 하객으로 참석하는 여자들은 기모노나 연회복 차림을 하고 남자들은 정장에 하얀 실크 넥타이를 매는 것이 관습입니다.

～ば ～하면 〈절대 조건의 가정법〉

□ **1그룹** : 동사의 어미 → 그 어미가 속한 행의 네 번째 음 + ば

　　예 行く : く → け + ば → 行けば 가면

□ **2그룹** : る 떼고 + れば

　　예 食べる → 食べれば 먹으면

□ **3그룹** : 암기

　　예 来る → 来れば 오면

　　　する → すれば 하면

「AばB」는 'A 해야만 B 한다'라는 뜻으로, A는 B를 위한 절대 조건이 된다. 형태는 역시 그룹별로 달라서 3그룹은 암기해야 하고, 2그룹은 る를 떼고 가정형 어미 れば를 연결한다. 1그룹은 가능형을 만들 때와 같이 동사의 어미를 그 행의 네 번째 음으로 바꾸고 ば를 붙인다.

■ □ 작문해 봅시다

二(ふた)つ 두 개 | 買(か)う 사다 | 安(やす)くする 싸게 하다 | お金(かね) 돈 | 何(なん)でも 뭐든 | できる 할 수 있다 | 風邪(かぜ) 감기 | ぐっすり 푹 | 寝(ね)る 자다 | 治(なお)る 낫다 | いい 되다, 좋다 | お化粧(けしょう)をする 화장을 하다 | きれいになる 예뻐지다

1. 두 개 사면 싸게 하겠습니다. ....

2. 돈이 있으면 뭐든 할 수 있어요. ....

3. 감기는 푹 자면 나아요. ....

4. 내일은 3시까지 오면 되나요? ....

5. 화장을 하면 예뻐져요. ....

Point 2

〜なければ　〜하지 않으면〈ば의 부정형〉

□ **1그룹** : 동사의 어미 → 그 어미가 속한 행의 첫 번째 음 + なければ

　예 行く：く → か + なければ → 行かなければ 가지 않으면

※ 어미가 う인 동사는 わなければ로 변한다.

　예 会う → 会わなければ 만나지 않으면

□ **2그룹** : る 떼고 + なければ

　예 食べる → 食べなければ 먹지 않으면

□ **3그룹** : 암기

　예 来る → 来なければ 오지 않으면

　　する → しなければ 하지 않으면

가정법의 부정 '〜하지 않으면'은 동사 부정형에 어미 〜ない(〜지 않다) 대신 〜なければ(〜하지 않으면)를 연결한다. 역시 1그룹에서 어미가 う인 동사들은 わなければ로 된다는 것에 주의하자.

■ □ 작문해 봅시다

> 使(つか)う 사용하다, 쓰다 | 返(かえ)す 돌려주다 | 少(すこ)しでも 조금이라도 | 休(やす)む 쉬다 | 疲(つか)れる 지치다, 피곤해지다 | 頑張(がんば)る 노력하다 | 上手(じょうず)になる 잘하게 되다 | 夜遅(よるおそ)く 밤늦게 | 恋人(こいびと) 애인 | 一人(ひとり) 한 사람, 한 명 | 紹介(しょうかい)する 소개하다

1. 쓰지 않으면 돌려주세요.　　　　　　..

2. 조금이라도 쉬지 않으면 피곤해져요.　..

3. 노력하지 않으면 잘할 수 없어요.　　　..
　　　　　　(잘하게 되지 않아요)

4. 밤늦게 먹지 않으면 돼요.　　　　　　..

5. 애인이 없으면 한 사람 소개할까요?　　..

Point 3

～なければならない　～해야만 한다, ～하지 않으면 안 된다

예 今晩(こんばん)は早(はや)く寝(ね)なければならないです。 오늘 밤은 빨리 자야 합니다.

寝なければなりません。

寝なければいけないです。

寝なければいけません。

寝なければだめです。

'～해야만 한다'는 표현을 일본에서는 '～하지 않으면 안 된다'라고 한다. 이중부정을 통해서 그 의미를 강조하는 것이다. 바로 이때 사용되는 것이 ～ば의 부정형 ～なければ이다. 동사에 なければ를 연결하고, なる(되다)의 부정 ならない를 붙이면 '～하지 않으면 안 된다'라는 표현을 만들 수 있다. 숙어이므로 통째로 암기하는 것이 좋다. 그리고 뒤에 연결되는 '안 된다'는 いけない(바람직하지 않다)나 だめだ(안 된다)로 바꿔서 쓸 수도 있다.

■ □ 작문해 봅시다

言(い)う 말하다 | 今回(こんかい) 이번 | 必(かなら)ず 반드시, 꼭 | 勝(か)つ 이기다 | 早(はや)く 일찍 | 起(お)きる 일어나다 | 試験(しけん) 시험 | 勉強(べんきょう)する 공부하다 | なぜ 왜 | こう 이렇게 | する 하다

1. 이것은 말해야만 해요.

   ....

2. 이번은 꼭 이겨야만 해요.

   ....

3. 내일은 일찍 일어나야만 해요.

   ....

4. 시험이니까 공부해야만 해요.

   ....

5. 왜 이렇게 해야 해요?

   ....

Point 4

できるだけ   가능한 한, 가능한 만큼

> 예 できるだけ早く連絡してください。 가능한 한 빨리 연락해 주세요.

동사 できる(가능하다)에 だけ가 연결된 표현이다. だけ는 '〜만', '〜뿐'이라는 뜻의 조사이지만, できるだけ에서는 '〜만큼'의 의미로 사용된다. 알아 두면 회화의 완성도를 높일 수 있는 표현이다.

■ □ 작문해 봅시다

> 〜で 〜로 | 話(はな)す 말하다 | お酒(さけ) 술 | 節約(せつやく)する 절약하다 | 野菜(やさい) 야채 | たくさん 많이

1. 가능한 한 일본어로 말해 주세요.

....

2. 술은 가능한 한 마시지 마세요.

....

3. 가능한 한 절약하고 있습니다.

....

4. 야채를 가능한 한 많이 먹읍시다.

....

190

Reply

다음 단어를 사용해서 답장을 써 보세요.

ぜんぶ 전부 | ~のおかげ ~ 덕분 | 何(なん)と 뭐라고 | お礼(れい)を言(い)う 감사 인사를 하다 | いい 좋다, 되다 | できる 가능하다 | ~と言(い)う ~라고 하다 | 言葉(ことば) 말 | 新(あら)たに 새롭게 | 教(おし)える 가르치다 | アドバイス 어드바이스 | ない 없다 | きっと 분명히 | 後悔(こうかい)する 후회하다 | 9月(くがつ) 9월 | 軍隊(ぐんたい)に行(い)く 군대에 가다 | できるだけ 가능한 한 | 早(はや)く 빨리 | 婚約(こんやく) 약혼 | ~と思(おも)う ~하려고 생각하다 | ~つもりだ ~할 생각이다 | その時(とき) 그때 | みんなで 모두 같이 | ジンロを飲(の)む 진로를 마시다 | いろいろ 여러 가지로

나오미 씨, 오랜만이에요.

전부 나오미 씨덕분이에요.

뭐라고 감사 인사를 하면 돼요?

나오미 씨는 '하면 된다'라는 말을 새롭게 가르쳐 주었어요.

나오미 씨의 어드바이스가 없었으면 저는 분명히 후회했을 거라고 생각해요.

제가 9월에는 군대에 가야 하기 때문에

가능한 한 빨리 약혼을 하려고 해요.

그리고 약혼하고 나서 일본에 갈 생각인데, 만나 주실래요?

그때는 모두 같이 일본의 진로를 마셔요.

정말 여러 가지로 고마웠습니다.

漢字でしりとり 한자 끝말잇기

飛行機(ひこうき)(비행기) ··· 機内(きない)(기내) ··· 内外(ないがい)(내외) ··· 外国(がいこく)(외국) ··· 国家(こっか)(국가)

일본어의 가정법

결과를 나타내는 가정법	① 〜たら (결과를 아직 알 수 없다) : AたらB – A 하면 B 한다 例 春になったら、花が咲くでしょう。 봄이 되면 꽃이 피겠지요. ② 〜と (당연한 결과) : AとB – A 하면 (늘 그렇듯, 당연히) B 한다 例 春になると、花が咲きます。 (당연히) 봄이 되면 꽃이 핍니다.
조건을 나타내는 가정법	③ 〜ば (절대 조건) : AばB – A 하면 B 한다, A 해야지만 B 한다 例 この花は春になれば、咲きます。 이 꽃은 봄이 되면 핍니다. (봄이 되는 것은 꽃이 피기 위한 절대 조건) ④ 〜なら (불확실한 조건) : AならB – A 하는 거라면 B 한다 例 春になるなら (의미상 불가능)

정답과 해설

彼女の名前は伊藤なおみ

:: Point 1

① こんにちは。

② おはようございます。

③ おはよう。

④ こんばんは。

해설 ② 아침 인사 「おはようございます」는 '안녕히 주무셨어요'라는 뜻으로도 사용할 수 있다.

:: Point 2

① 私は韓国人です。

② 彼が鈴木さんです。

③ これは本当です。

④ 料理が趣味です。

:: Point 3

① 彼の名前はパク・サンウです。

② 私の友達は日本人です。

③ 彼女は英語の先生です。

④ あれは鈴木さんのです。

해설 ③ '영어 선생님'을 일본어로 할 때는 사이에 꼭 の를 넣는 것을 잊지 말자.
④ 「사람 이름＋の」에서의 の는 '~의 것'이라는 대명사이다.

:: Point 4

① これは水で、それはお酒です。

② こちらが部屋で、そちらはお風呂です。

③ 彼は俳優で、彼女は歌手です。

④ 趣味は運動で、特技は水泳です。

:: Point 5

① 映画が大好きです。

② 時間がほしいです。

③ あなたが大好きです。

194

④ 車がほしいです。

[해설] 우리말 '아주 좋아하다'는 한 단어로 大好きだ가 된다.

:: Point 6

① 全部ください。
② 連絡(を)ください。
③ お返事(を)ください。
④ お電話(を)ください。

[해설] 목적격 조사 を를 넣을 수도 있다. 하지만 회화에서는 생략하는 경우도 많다.

:: Reply

こんにちは。
僕の名前はパク・サンウです。
血液型はB型で、獅子座です。
僕も日本が好きです。
そして日本のメル友がほしいです。
では、お返事ください。

Mail 2 **初めてのメール**

:: Point 1

① これは食べ物ですか？
② 彼女は学生ですか、先生ですか？
③ それは本当ですか？
④ 趣味は何ですか？
⑤ あの人は誰ですか？

:: Point 2

① 失礼ですが。
② 今、電話中ですが。
③ ここは禁煙席ですが。
④ それが問題ですが。

:: Point 3

① 妹さんも美人ですか？

② あそこはいつもセールです。

③ 土曜日と日曜日は休みです。

④ 兄弟は兄と姉と私です。

⑤ いつも朝はパンと牛乳です。

해설 가족의 호칭에 있어서 일본어는 자신의 가족과 타인의 가족에 대한 표현이 다르다.
①과 같이 남의 가족에 대해서는 존경의 의미로 뒤에 さん을 붙이지만, ④처럼 자신의 가족에 대해서는 붙이지 않는 것에 주의하자. (27p 참고)

:: Point 4

① 韓国の映画が好きですか？

② お酒が好きですか？

③ 誰が好きですか？

④ なぜ好きですか？

:: Reply

なおみさん、こんにちは。

メールありがとうございます。

こちらこそよろしくお願いします。

僕は日本の音楽と自動車が好きです。

韓国のドラマと料理が好きですか？

料理は何が一番好きですか？

そして、僕は学生ですが、なおみさんも学生ですか？

それでは、お返事お願いします。

Mail 3 **韓国の料理が好きな彼女**

:: Point 1

① これでは[じゃ]ありません。

② うそでは[じゃ]ないです。

③ ここでは[じゃ]ありません。

④ あの人では[じゃ]ないです。

해설▶ '~이[가]'에 해당하는 조사 가를 넣지 않도록 주의하자.
'~이[가] 아닙니다'는 전체가 부정형 어미이고, 이에 해당하는 일본어가 ~ではありません, ~ではないですのです인 것이다.

:: Point 2

① 彼女はかわいいです。
② あの店は親切です。
③ 今日は忙しいです。
④ 明日は暇です。

해설▶ な형용사는 だ를 생략하고 です를 붙인다.

:: Point 3

① これは安い物です。
② 好きな人は誰ですか？
③ 親切な店ではありません[じゃないです]。
④ 日本語が上手な人です。

:: Point 4

① 日本語は好きですが[好きだけど]、下手です。
② 今日は忙しいですが[忙しいけど]、明日は大丈夫です。
③ キムチは辛いですが[辛いけど]、おいしいです。
④ タクシーは便利ですが[便利だけど]、高いです。

:: Point 5

① これは本当なんです。
② 彼は高校時代の友達なんです。
③ サイズがちょっと大きいんです。
④ あの店はとても有名なんです。
⑤ 今は忙しいんです。
⑥ 彼女は本当にきれいなんです。

해설▶ 명사와 な형용사의 경우에는 ~なんです를 붙인다.

:: Reply

なおみさん。

こんにちは。

お仕事が音楽関係なんですか？

かっこういいですね。

僕はJ－POPが好きです。

J－POPはぜんぶ好きですが、一番好きな歌手は西野カナです。

そしてサムゲタンは僕も大好きです。

日本のサムゲタンは高いですか？ いくらですか？

また、僕はカムジャタンやメウンタンも好きです。

なおみさんは辛い食べ物は嫌いですか？

では。

해설 仕事(일, 직업)이라는 단어에 お를 붙이면 '하시는 일'이라는 정중한 표현이 된다.
그리고 '〜하군요', '〜하네요'라는 표현은 끝에 ね를 붙여서 만든다.
かっこういいです(멋있어요) → かっこういいですね(멋있군요, 멋있네요)

日本のサムゲタンの値段
Mail 4

:: Point 1

① 犬はかわいいし、頭もいいです。

② このパソコンは操作も簡単だし、軽いです。

③ 彼はかっこういいし、イケメンだし、最高です。

④ 彼女はきれいだし、料理も上手だし、パーフェクトです。

:: Point 2

① あの映画はおもしろくないです[おもしろくありません]。

② このキムチはぜんぜん辛くないです[辛くありません]。

③ 英語は上手じゃないです[上手じゃありません]。

④ 今日は暇じゃないです[暇じゃありません]。

해설 い형용사의 부정형은 くない, な형용사의 부정형은 じゃない이다.

:: Point 3

① そんなに遠くない距離です。

② 重要じゃない内容です。

③ あまり親しくない人です。

④ 好きじゃない色です。

① 今日は暑いですね。

② これは高いですよ。

③ 本当にかっこういいですね。

④ それはだめですよ。

:: Reply

なおみさん。

こんばんは。

サムゲタンが二千円ですか？ ちょっと高いですね。

韓国では一万ウォンくらいですよ。

そして辛くない韓国の料理も多いです。

ソルロンタンやカルクックスはサムゲタンより安いし、人気です。

そして西野カナは韓国でも有名です。

ところで、なおみさんが好きな韓国の芸能人は誰ですか？

해설 二千円(にせんえん)、一万(いちまん)ウォン 등 숫자 읽는 법에 주의하지. (42p 참고)
그리고 우리말 '만 원 정도예요'에는 한국의 사정을 설명하는 뉘앙스를 넣어 끝에 よ를 붙여 주면 좋다.

Mail 5 彼女は韓国のマニア

:: Point 1

① とても上手ですね。

② あまりよくないです[よくありません]。

③ とても安いです。

④ あまり重要じゃないです[重要じゃありません]。

:: Point 2

① 彼女はかわいくて好きです。

② 顔は小さくて目は大きいです。

③ このタブレットは軽くていいです。

④ 操作も簡単で使いやすいです。

해설 ① 우리말 '좋아요'는 일본어로 いいです(Good)와 好きです(Like)의 두 가지 표현이 가능하다.
여기서는 好きです를 사용하는 것이 자연스럽다.

:: Point 3

① 柔^{やわ}らかくて甘^{あま}いケーキがとても好^すきです[大好^{だいす}きです]。

② あそこは静^{しず}かできれいなレストランです。

③ 彼女^{かのじょ}は髪^{かみ}が長^{なが}くて目^めが大^{おお}きい人^{ひと}です。

④ 彼^{かれ}は背^せが高^{たか}くてハンサムな人^{ひと}です。

> **해설** ▶ ① '아주 좋아하다'는 とても好きだ 또는 大好きだ 어느 쪽을 써도 좋다.
> ④ '키가 크다'를 일본어로 하면 背が高い가 되므로 형용사에 주의하며 통째로 암기해 두자.
> 아울러 な형용사가 명사를 수식할 때는 「だ→な」가 된다.

:: Point 4

① 動物^{どうぶつ}の中^{なか}で何^{なに}が一番^{いちばん}好^すきですか？

② タレントの中^{なか}で誰^{だれ}が一番^{いちばん}好^すきですか？

③ 韓国料理^{かんこくりょうり}の中^{なか}で何^{なに}が一番^{いちばん}おいしいですか？

④ 大学^{だいがく}の中^{なか}でどこが一番^{いちばん}いいですか？

:: Reply

どうも、なおみさん。

今日^{きょう}、韓国^{かんこく}はあまり寒^{さむ}くないです。

なおみさんは冬^{ふゆ}が好^すきじゃないですね。

僕^{ぼく}は季節^{きせつ}の中^{なか}で冬^{ふゆ}が一番^{いちばん}好^すきです。

空気^{くうき}が冷^{つめ}たくて、気持^{きも}ちいいです。

ところでなおみさんはBTSとイ・ビョンホンのファンですか？

BTSは僕^{ぼく}も大好^{だいす}きです[とても好^すきです]。

本当^{ほんとう}に歌^{うた}もうまくて[上手^{じょうず}で]かっこういいです。

韓国^{かんこく}でもすごい人気^{にんき}です。

> **해설** ▶ '잘한다'는 上手だ와 うまい 어느 쪽을 써도 좋다.

Mail 6 **彼女^{かのじょ}からの年賀状^{ねんがじょう}**

:: Point 1

① 今日^{きょう}は休^{やす}みだ。

② 子供^{こども}の時^{とき}はいたずらっ子^こだった。

③ 母^{はは}は昔^{むかし}、美人^{びじん}だったんです[美人^{びじん}でした]。

④ 前には恋人だったんですか[恋人でしたか]？

:: Point 2

① あの映画はとてもおもしろかった(ん)です。
② 一人でも大丈夫だったんです[大丈夫でした]。
③ 今度の旅行はとてもよかった(ん)です。
④ 先週は暇だったんです[暇でした]。

:: Point 3

① それは楽しかった思い出です。
② 彼は昔好きだった人です。
③ 本当に短かった人生です。
④ 一番大変だったことは何ですか？

:: Point 4

① あの店は親切だから好きです。
② 今日から忙しいです。
③ 明日は暇だから大丈夫です。
④ この家は駅から近いからいいです。

해설 ④ 駅から에서의 から는 '～에서'의 뜻이지만, 近いから에서의 から는 '～기 때문에'라는 이유의 표현이다.

:: Reply

なおみさん、お久しぶりです。
僕は元気です。
僕もこのごろ期末試験でしたから[だったから]忙しかった(ん)です。
今回は科目が少なくてよかった(ん)ですが[よかったけど]、
試験問題が難しかったから少し心配です。
もう年末ですね。今年は本当に楽しかった一年でした。
何よりなおみさんとのメールが楽しかった(ん)です。
来年にもよろしくお願いします。

それでは、よいお年を。

해설 ① '～이기 때문에'는 ～でしたから／～だったから 어느 쪽을 사용해도 좋지만, ～でしたから가 좀 더 정중한 표현이다.
② '좋았지만'의 경우도 よかった(ん)ですが 쪽이 よかったけど보다 정중한 표현이다.

:: Point 2

① 日本の音楽を聞く。

② それは悪いと思う。

③ 明日、日本に行く。

④ 彼女と日本語で話す。

⑤ 友達とカラオケで歌を歌う。

:: Point 3

① 私はこう思うんです。

② 明日は休むんですか？

③ 授業が始まるんです。

④ 恋人がいるんですか？

⑤ 日本から友達が来るんです。

:: Point 4

① デパートでプレゼントを買います。

② 彼はお酒をたくさん飲みますか？

③ 鈴木さんは来年日本に帰ります。

④ 誰と映画を見ますか？

⑤ 一生懸命に勉強します。

해설 ▶ ③ 帰る를 2그룹으로 헷갈리기 쉽지만, 1그룹 활용을 하는 변장동사라는 것에 주의하자.
　그리고 우리말은 시제를 나타내는 단어의 뒤에는 언제나 '~에'를 붙이지만 일본어에서는 '아침/점심/저녁' 또는 '봄/여름/가을/겨울'처럼 그 기간을 구체적으로 구분할 수 없는 경우에는 に를 붙이지 않는다.
　그러므로 스즈키 씨가 내년에 몇 월 며칠에 가는지 확실하지 않기 때문에 に를 붙여서는 안 된다.

:: Point 5

① それはいいと思います。

② それはいいと思うんです。

③ 日本のドラマを見ます。

④ 日本のドラマを見るんです。

⑤ 毎日運動をしますか？

⑥ 毎日運動をするんですか？

なおみさん、こんにちは。

日本のお正月は連休なんですね。

韓国でも12月31日は「ソッタルクムン」と言います[言うんです]。

韓国では夜12時に家族といっしょに除夜の鐘を聞きます[聞くんです]。

そして韓国は旧暦で新年を迎えます。

それで今年は2月20日がお正月です。

旧正月には両親におじぎをします[するんです]。

そして、韓国ではトックックを食べます[食べるんです]。

해설 '연휴군요'라고 할 때는 강조하는 느낌으로 なんですね를 붙이면 좋다.
그리고 동사의 공손한 표현은 ～ます와 ～んです 두 가지 중 어느 쪽을 사용해도 좋다.
'섣달그믐'이나 '떡국' 같은 고유명사는 가타카나로 표기한다.

Mail 8 新年の計画

:: Point 1

① 全部は買わないんです。

② 何も話さないんです。

③ お酒は飲まないんです。

④ まだ、寝ないんです。

⑤ 明日から来ないんですか？

⑥ ぜったい後悔しないんですか？

해설 '～해요?'라고 할 때는 んですか를 붙인다.
① 買う [う→わ] → 買わない
② 話す [す→さ] → 話さない
③ 飲む [む→ま] → 飲まない
④ 寝る [る 떼고 + ない] → 寝ない
⑤ 来る [무조건 암기] → 来ない
⑥ 後悔する [무조건 암기] → 後悔しない

:: Point 2

① 全部は買いません。

② 何も話しません。

③ お酒は飲みません。

④ まだ、寝ません。

⑤ 明日から来ませんか？

⑥ ぜったい後悔しませんか？

해설 ① 買う [う→い] → 買いません
② 話す [す→し] → 話しません
③ 飲む [む→み] → 飲みません
④ 寝る [る 떼고+ません] → 寝ません
⑤ 来る [무조건 암기] → 来ませんか
⑥ 後悔する [무조건 암기] → 後悔しませんか

:: Point 3

① 冗談言わないでください。
② お酒は体に悪いです。たくさん飲まないでください。
③ これは重要ですから、忘れないでください。
④ 恥ずかしいですから、見ないでください。
⑤ 大丈夫ですから、心配しないでください。

해설 ③重要だから，④恥ずかしいから，⑤大丈夫だから로 연결할 수도 있다.

:: Point 4

① 彼は肉しか食べません[食べないんです]。
② 私にはあなたしかいません[いないんです]。
③ 日曜日しか休みません[休まないんです]。
④ 一つしか考えません[考えないんです]。

:: Point 5

① 週末は映画を見るつもりです。
② 今晩はお酒を飲まないつもりです。
③ 北海道を旅行するつもりです。
④ 太るから[太りますから]甘い物を食べないつもりです。
⑤ 今年はタバコを止めるつもりです。

:: Reply

なおみさん。
明けましておめでとうございます。
日本ほど長く休みませんが[休まないけど]、1月1日は休みます[休むんです]。
ところで、韓国語の勉強を始めるつもりですか？

でも、一生懸命にしないでください。
最初から無理するから３日以上できないんですよ。
僕もいつも三日坊主だったからよく分かります[分かるんです]。
それでは、頑張ってください。

Mail 9 　カムジャタンと納豆

:: Point 1
① 日本で彼女に会ったんです。
② みんなで楽しく遊んだんです。
③ 私もその話を聞いたんです。
④ 昨日はずっと家にいた。
⑤ 彼に電話をした。

해설 ① 会う [う→った] → 会った
② 遊ぶ [ぶ→んだ] → 遊んだ
③ 聞く [く→いた] → 聞いた
④ いる [る 떼고 + た] → いた
⑤ する [무조건 암기] → した

:: Point 2
① 結局彼女は来なかったんです。
② 私はぜんぜん知らなかったんです。
③ 母は何も言わなかったんです。
④ そこには誰もいなかった。
⑤ 一日も休まなかった。

해설 ① 来る → 来ない → 来なかった
② 知る → 知らない → 知らなかった
③ 言う → 言わない → 言わなかった
④ いる → いない → いなかった
⑤ 休む → 休まない → 休まなかった
아울러 知る는 2그룹처럼 보이지만, 1그룹 활용을 하는 변장동사라는 것도 잊지 말자.

:: Point 3
① キムさんも歌を歌いましたか？
歌は歌いませんでした。

② メールを送りましたか？

すみません。送りませんでした。

③ 週末に何をしましたか？

何もしませんでした。家にいました。

해설 ▶ ① 歌う [う→い＋ました] → 歌いました

② 送る [る→り＋ました] → 送りました

③ いる [る 떼고＋ました] → いました

:: Point 4

① 友達から聞いた話です。

② この前食べた料理はおいしかったです。

③ それは私が選んだネクタイです。

④ 昨日来た人は誰ですか？

⑤ 日本に行った時、買った物です。

해설 ▶ ① 聞く [く→いた] → 聞いた

② 食べる [る 떼고 た] → 食べた

③ 選ぶ [ぶ→んだ] → 選んだ

④ 来る [무조건 암기] → 来た

⑤ 行く [예외] → 行った

買う [う→った] → 買った

行くは 어미가 く이지만 行いた가 아니라 行った가 되는 것에 주의하자.

:: Reply

なおみさん、こんにちは。

カムジャタンを食べたんですか[食べましたか]？

お酒は飲まなかったんですか[飲みませんでしたか]？

カムジャタンは焼酎とよく似合うんですよ[似合いますよ]。

日本で韓国のジンロが人気だと聞きましたが[聞いたんですが]、

本当に有名ですか？

僕は週末、この前日本語を習った先生のお宅に行きました[行ったんです]。

そこで初めて納豆を食べたんです[食べました]。

でも、変だったから少ししか食べませんでした[食べなかったんです]。

해설 ▶ '인기라고 들었는데'는 人気だ(인기이다), 〜と聞く(〜라고 듣다), 그리고 が나 けど를 연결하여 人気だと聞きましたが 또는 人気だと聞いたけど와 같은 표현을 만들 수 있다.

206

梅干しとキムチ

:: Point 1

① 週末には約束があります。
② 失礼ですが、恋人がいますか？
③ 地下鉄の駅はどこにありますか？
④ 娘が一人います。

:: Point 2

① もう、時間がないです[ありません]。
② 今は担当がいないんです[いません]。
③ まだ、連絡がないですか[ありませんか]？
④ 子供はいないんです[いません]。

:: Point 3

① 日本に行ったことがありますか[あるんですか]？
② 東京から京都まで新幹線に乗ったことがあります。
③ 一度も嘘を付いたことがないですか[ありませんか]？
④ 聞いたことはありますが[あるけど]、まだ食べたことはないです[ありません]。

해설 '~한 적이'라는 표현은 ことが이지만, '~한 적은'이라고 할 때는 조사를 바꿔 ことは라고 한다.

:: Point 4

① 正直に言った方がいいです。
② 風邪を引いた時は早く寝た方がいいです。
③ タバコは吸わない方がいいです。
④ 若い時にたくさん遊んだ方がいいです。
⑤ 無理しない方がいいです。

해설 ③ 어미가 う인 동사의 부정형은 ~わない라는 것을 잊지 말자. 吸う(피우다) → 吸わない(피우지 않다)

:: Reply

なおみさん。

こんばんは。
日本人の中にも納豆が嫌いな人がいるんですか[いますか]？

まあ、韓国にもキムチを食べない人がいますから…。

梅干しは聞いたことはありますが[あるけど]、まだ食べたことはないです[ありません]。

韓国にも梅がありますが[あるけど]、おかずでは食べないんです[食べません]。

とにかく食べ物は何でもいろいろ食べた方がいいですね。

ところで、なおみさんはお酒が強いですか?

解説 '있으니까요'라는 표현은 いる의 공손한 표현 います에 이유를 나타내는 から를 붙여 만든다.
우리말은 공손형 어미 '요'를 마지막에 붙이기만 하면 되지만, 일본어는 이유를 나타내는 조사 から를 공손한 형태로 할 수 없기 때문에 いる를 공손하게 います로 만든 후에 から를 붙인다.
'반찬으로는'은 수단을 나타내는 조사 で를 넣는다. (64p 참고)
'좋아요, 그렇죠?'라는 표현은 상대방의 동의를 구하는 것이므로 표현 끝에 ね만 붙이면 된다. ね는 우리말 '~군요', '~네요', '~지요?', '그렇죠?' 등에 해당하는 표현이다.

Mail 11 ジンロが好きな彼女

:: Point 1

① 音楽を聞きながらお茶を飲みます。
② 電車を待ちながら雑誌を読みます。
③ 歌を歌いながら踊りを踊ります。
④ バイトをしながら学校に通いました。

해설 ~ながら(~하면서) 앞에는 동사 ます형이 온다.
① 聞く(1그룹) → 聞きます → 聞きながら
② 待つ(1그룹) → 待ちます → 待ちながら
③ 歌う(1그룹) → 歌います → 歌いながら
④ する(3그룹) → します → しながら

:: Point 2

① おいしい物が食べたいです。
② 二度と会いたくないです。
③ 前から知りたかったです。
④ 私も信じたくなかったです。
⑤ 彼女と結婚したかったです。

해설 ~たい(~하고 싶다) 앞에는 동사 ます형이 온다.
① 食べる(2그룹) → 食べます → 食べたいです
② 会う(1그룹) → 会います → 会いたくないです
③ 知る(1그룹) → 知ります → 知りたかったです
④ 信じる(2그룹) → 信じます → 信じたくなかったです
⑤ 結婚する(3그룹) → 結婚します → 結婚したかったです

:: Point 3

① 出勤時間は朝だったり夜だったりします。

② 暑かったり寒かったり、天気が変です。

③ このごろ忙しかったり暇だったりします。

④ パーティーで歌ったり踊ったり楽しかったです。

⑤ 日本の音楽を聞いたりドラマを見たりします。

> **해설** ～たり 앞에는 동사 과거형이 온다.
> ① 명사의 과거형 ～だった를 이용.
> ② い형용사의 과거형 ～かった를 이용.
> ③ い형용사의 과거형 ～かった와 な형용사의 과거형 ～だった를 이용.
> ④ ⑤는 각 동사의 과거형 활용을 참고한다.
> 歌う(1그룹) [う→った] → 歌った
> 踊る(1그룹) [る→った] → 踊った
> 聞く(1그룹) [く→いた] → 聞いた
> 見る(2그룹) [る 떼고+た] → 見た

:: Point 4

① 来週だったらたぶん大丈夫です。

② 安かったら買います。

③ ゆっくり話したら分かります。

④ お金があったら会社を辞めたいです。

> **해설** ～たら(～하면)도 역시 ～たり와 함께 동사 과거형을 만들 때와 같은 활용을 한다.
> 즉, た로 시작되는 어미 중에 ます형 활용을 하는 것은 たい뿐이다.

:: Reply

なおみさん、こんにちは。

僕もお酒は好きですが[好きですけど]、強くはないです。

ジンロを韓国では「チャミスル」と言います[言うんです]。

ジンロは漢字語で、「チャミスル」はその意味を韓国語で表現したものです。

焼酎を飲みながら肉やメウンタンを食べたら本当においしいです。

ところで、なぜお酒を一人で飲むんですか[飲みますか]？

韓国では悩みがある人が一人で飲んだりしますが…。

いつか機会があったら、僕もなおみさんといっしょに一杯したいです。

> **해설** '세지는 않다'는 強くない(세지 않다)에 '～은[는]'에 해당하는 조사 は를 넣는다.
> 그리고 ～たり는 '～하기도 하다', '～하거나 하다'라는 표현이므로, '마시거나 하는데'는 飲んだりします가라고 한다.

会いに行きます

:: **Point 1**

① 近いうち、また会おう。

② 正直に話そう。

③ もう少し待とう。

④ 今日は早く寝よう。

⑤ これからどうしよう。

해설 동사 활용은 그 동사가 어느 그룹인지를 정확히 아는 것이 중요하다. 그 동사가 1그룹인 경우 다시 동사의 어미가 속한 행에
맞추어 활용형을 만든다.

① 会う(1그룹)[お+う] → 会おう

② 話す(1그룹)[そ+う] → 話そう

③ 待つ(1그룹)[と+う] → 待とう

④ 寝る(2그룹)[る 떼고+よう] → 寝よう

⑤ する(3그룹)[무조건 암기] → しよう

:: **Point 2**

① 近いうち、また会いましょう。

② 正直に話しましょう。

③ もう少し待ちましょう。

④ これはどうしましょうか?

⑤ そろそろ帰りましょうか?

:: **Point 3**

① かばんを一つ買おうと思います。

② 週末は映画を見ようと思います。

③ 夏は日本に行こうと思います。

④ 明日は家にいようと思います。

⑤ 来年は彼女と結婚しようと思います。

해설 ③ 夏は, ⑤ 来年は와 같이 앞에 오는 명사를 구체적인 수치로 지정할 수 없는 경우엔 に를 붙이지 않는다.
즉, 조사 に는 구체적인 시간, 날짜, 요일 등에는 붙지만 계절, 아침, 점심, 저녁 등의 단어에는 붙지 않는다.

:: **Point 4**

① また遊びに来ます。

② 今すぐ会いに行きます。

③ いっしょに映画を見に行きましょうか？

④ 日本には何をしに来ましたか？

:: Reply

なおみさん、こんにちは。

本当にいい知らせですね。

来週の土曜日だったら、僕もいいです。

実はその日に友達に会おうと思ったんですが[思いましたが]、

僕の友達といっしょに会いませんか？

みんなで、チャミスルを飲みに行きましょう。

水曜日には僕が空港まで迎えに行きましょうか？

そして、土曜日はどこで何時に会いましょうか？

また、韓国で何をしたいですか？

どこでも案内します。

해설 ▶ '〜이군요', '〜이네요'는 공감을 하는 표현이므로 ね를 붙여 〜ですね로 한다.

Mail. 13 **待ち合わせ**

:: Point 1

① 朝起きて顔を洗います。

② 新宿駅で電車に乗って、渋谷駅で降ります。

③ 会社に行って働きます。

④ 彼女に会って映画を見て、買い物をして、楽しかったです。

해설 ▶ ① 起きる(2그룹) [る 떼고+て] → 起きて

　　　② 乗る(1그룹) [る→って] → 乗って

　　　③ 行く(1그룹) [예외] → 行って

　　　④ 会う(1그룹) [う→って] → 会って

　　　　見る(2그룹) [る 떼고+て] → 見て

　　　　する(3그룹) [무조건 암기] → して

　　　그리고 ① '아침에'를 일본어로 만들 때 조사 に를 붙이지 않도록 주의하자.

:: Point 2

① もう一度話してください。

② ゆっくり休んでください。

③ まっすぐ行って、右に曲がってください。

④ 日本に来たら、連絡してください。

해설 ① 話す(1그룹) [す→して] → 話して

② 休む(1그룹) [む→んで] → 休んで

③ 行く(1그룹) [예외] → 行って

曲がる(1그룹) [る→って] → 曲がって

④ 連絡する(3그룹) [무조건 암기] → 連絡して

:: Point 3

① いいアイディアだと思います。

② それはよくないと思います。

③ 最初から少し変だと思いました。

④ こちらが似合うと思います。

⑤ 今日は来ないと思います。

해설 いい(좋다)의 부정형은 よくない(좋지 않다)이다.

:: Point 4

① お正月は1月1日です。

② バレンタインデーは2月14日です。

③ 5月5日は子供の日です。

④ 給料日は毎月25日です。

⑤ お誕生日は何月何日ですか？

해설 자신의 생일은 誕生日라고 하고, 다른 사람의 생일에는 お를 붙여 정중히 お誕生日라고 한다.

:: Reply

なおみさん、こんにちは。

僕が好きな店がシンチョンにありますから[あるから]、

土曜日にはシンチョンの方に来てください。

シンチョンは大学の街で、

安くておいしい店が多いんですよ。

3時に会って、近所を見物して

夕飯を食べて、お酒も飲みましょう。

それでは、土曜日の3時にシンチョン駅の2番出口で会いましょう。

해설 '좋아하는~'이라는 표현은 好きだ 뒤에 명사를 연결하는데, 好きだ는 な형용사이므로 명사 수식형은 好きな가 된다.

그리고 동사 て형과 함께 형용사 연결형도 다시 확인해 두자.

い형용사 연결형은 くて이고, な형용사 연결형은 だ를 떼고 で를 붙인다.

がっかりしてはだめですよ

:: Point 1

① どこに住んでいますか？

② 今、日本に行っています。

③ ドアが閉まっています。

④ 彼女は日本語を教えています。

⑤ ここで何をしていましたか？

:: Point 2

① あのめがねをかけている人が木村さんです。

② 付き合っている人がいますか？

③ 結婚している人は多いですか？

④ それを知っている人は誰ですか？

해설 ▶ 우리말 '결혼했다'는 결혼을 해서 현재 '결혼한 상태'를 뜻하므로, 일본어로는 結婚している 라고 한다.

:: Point 3

① 入ってもいいですか？

② ここで写真を撮ってはだめです。

③ 人に話してはだめです。

④ 明日休んでもいいですか？

⑤ タバコを吸ってもいいですか？

:: Point 4

① 明日のテストのことですが、15ページから20ページまでです。

② 予約のことですが、日にちを変えたいです。

③ お見合いのことですが、いつがいいですか？

④ 会費のことですが、一人当たり二千円です。

:: Reply

なおみさん、こんにちは。

写真、ありがとうございます。

帽子をかぶっている人がなおみさんですね。

隣のめがねをかけている人は誰ですか？

なおみさんと似ていますね。妹さんですか？

二人は本当に美人ですね。

ところで失礼ですが、年を訊いてもいいですか？

日本人に年を訊いてはだめだと聞きましたが…。

では、僕の写真も送ります。見てがっかりしないでください。

> **해설** 우리말은 현재의 상태를 과거형을 사용해서 '닮았다'라고 하지만, 일본어는 그러한 상태라는 점에서 ～ている를 사용해
> 似ている라고 한다.

Mail 15　すれ違い

:: Point 1

① 私でもいいですか。

② 高くても買います。

③ きれいでも優しくないです。

④ 覚えても忘れます。

⑤ 彼女は待っても来なかったんです[来ませんでした]。

> **해설** 명사의 연결형 : 명사 + で
> い형용사의 연결형 : い 떼고 + くて
> な형용사의 연결형 : だ 떼고 + で
> 동사의 연결형 : 동사 그룹별 활용 + て

:: Point 2

① 彼女と別れてしまいました。

② 偶然に聞いてしまいました。

③ 必要ないものはぜんぶ捨ててしまいました。

④ お金を落としてしまいました。

> **해설** 捨てる(버리다)의 연결형은 捨てて이다. て가 반복된다고 해서 이상하게 생각하지 않아도 된다.

:: Point 3

① 家に帰ったら、誰もいませんでした。

② 箱を開けたら、何にもなかったです[ありませんでした]。

③ 食べたら、意外とおいしかったです。

④ 使ったら、便利でした[便利だったんです]。

⑤ 薬を飲んだら、治りました。

해설 ▶ 帰る는 1그룹 변장동사라는 것을 잊지 말자.

い형용사의 과거형 〜かったら

な형용사의 과거형 〜だったら

:: Point 4

① 連絡しなくてごめんなさい[すみません]。

② 彼は休まないで働きます。

③ 道が分からなくて大変でした[大変だったんです]。

④ 今まで寝ないで待っています。

⑤ 恋人がいなくて寂しいです。

해설 ▶ '〜을[를] 알다', '이해하다'라는 뜻의 동사 分かる는 앞에 붙는 목적격 조사로 が를 사용하는 경우가 많다. 우리말에도 '〜이[가] 이해되다'라는 표현이 있으니 〜が分かる로 통째로 암기해 두는 것이 좋다.

:: Reply

なおみさん、こんにちは。

僕は大丈夫です。

電話してもつながらなくて

おかしいと思いました。

逆になおみさんの方が大変だったんですね。

友達になおみさんの話をしたら、

友達も前、タクシーに乗って反対方向に

行ってしまったことがあると言いました。

今回は残念ですが[残念だけど]、ぜひまた会いましょう。

Mail 16 ## 韓国語のパッチムと日本語の漢字

:: Point 1

① 卒業してから何をしますか？

② 食事が終わった後でお茶を飲みました[飲んだんです]。

③ 砂糖を入れた後でよく混ぜてください。

④ よく聞いてから答えてください。

연결형 て형과 과거형 た형을 만드는 방법은 같다.
　　① する(3그룹) [무조건 암기] → して
　　② 終わる(1그룹) [る→った] → 終わった
　　③ 入れる(2그룹) [る 떼고＋た] → 入れた
　　　混ぜる(2그룹) [る 떼고＋て] → 混ぜて
　　④ 聞く(1그룹) [く→いて] → 聞いて
　　　答える(2그룹) [る 떼고＋て] → 答えて

:: Point 2

① 旅行の前に情報を集めます。
② 家に帰る前に挨拶をします。
③ 入る前にノックしてください。
④ 水泳の前に準備体操をします。

:: Point 3

① もう少し考えてみます。
② 連絡してみましたか？
③ 私も行ってみたいです。
④ 何でも選んでみてください。
⑤ この服を着てみてもいいですか？

'~해 보고 싶어요' → ~てみたいです
　　'~해 보세요' → ~てみてください
　　'~해 봐도 됩니까?' → ~てみてもいいですか

:: Point 4

① 作り方は簡単です。
② 使い方が分かりません。
③ 人はそれぞれ考え方が違います。
④ 駅までの行き方を教えてください。

① 作る(1그룹) [る→り＋方] → 作り方
　　② 使う(1그룹) [う→い＋方] → 使い方
　　③ 考える(2그룹) [る 떼고＋方] → 考え方
　　④ 行く(1그룹) [く→き＋方] → 行き方

:: Reply

なおみさん、お久しぶりです。
僕は学校が終わった後で日本語の学院に行くんです[行きます]。
そして家に帰ってからは日本の音楽を聞いたり、ドラマを見たりしています。

ところで、ハングルのパッチムが難しいですか？

それでは、韓国の歌で勉強してみてください。

僕も日本語の漢字の読み方が難しくて歌を聞きながら勉強しています。

毎日一曲ずつ寝る前に聞いています。

僕の好みですが、韓国の歌を添付します。

聞いてみてください。

해설 ▶ '돌아와서는'은 '돌아오고 나서는'이라는 의미이므로 ~てから로, '~거나 ~거나 하다'는 「~たり、~たりする」로 표현한다. 또한 연결형 て형은 '~하고', '~해서'의 표현을 만들므로, '어려워서'는 형용사 難しい에 て를 연결하여 難しくて로 만든다. '~하면서'는 「ます형＋ながら」를 쓴다.

Mail 17 **韓国語が上手になりたいです**

:: Point 1

① 先生の説明は分かりやすいです。

② 父には言いにくいです。

③ このスマホは使いやすいです。

④ ここは交通が便利で、住みやすいです。

해설 ▶ 우리말로는 '선생님 설명'이지만 일본어는 명사와 명사 사이에 조사 の를 넣어 先生の説明라고 한다. '편리해서'는 な형용사의 연결형 で를 써서 便利で로 표현하면 된다.

:: Point 2

① 日本語を習い始めました。

② やっとこの本を読み終えました。

③ いつまでも歌い続けたいです。

④ 昨日は飲み過ぎて頭が痛いです。

해설 ▶ ① 習う(1그룹) → 習います → 習い始める(2그룹)
'배우기 시작했습니다'는 習い始めました

② 読む(1그룹) → 読みます → 読み終える(2그룹)
'다 읽었습니다'는 読み終えました

③ 歌う(1그룹) → 歌います → 歌い続ける(2그룹)
'계속 노래를 부르고 싶어요'는 ~たいです를 연결하여 歌い続けたいです

④ 飲む(1그룹) → 飲みます → 飲み過ぎる(2그룹)
'너무 마셔서'는 て형을 써서 飲み過ぎて

:: Point 3

① 友達になりたいです。

② 髪の毛が短くなりました。

③ もっときれいになりましたね。

④ 彼は有名になりました。

해설 ▶ なる(되다, 지다)는 1그룹 동사이다.
됩니다, 집니다 → なります[なるんです]
되었습니다, 졌습니다 → なりました[なったんです]
되고 싶습니다 → なりたいです
되고, 되어서 → なって

:: Point 4

① 気に入るものは何ですか？

② 私も役に立ちたいです。

③ どこが気に入りませんか[入らないんですか]？

④ この本は本当に役に立ちました。

해설 ▶ ① 入る는 변장동사이므로 1그룹 활용을 한다.
듭니다 → 入ります
들지 않습니다 → 入りません[入らないです]
들었습니다 → 入りました[入ったんです]
들고, 들어서 → 入って

:: Reply

なおみさん、どうも。

僕が少し役に立って嬉しいです。

その歌を聞き終えたらまた新しい歌を送ります。

そして日本の歌、ありがとうございます。

僕は「美しい誤解」が一番気に入っています。

歌詞も分かりやすいし、とてもいいですね。

早く日本語が上手になって、僕もなおみさんと日本語で話したいです。

このごろ韓国はかなり暖かくなりましたが[なったんですが]、

東京はどうですか。花見はまだですか？

해설 ▶ 일본어는 미래형이 따로 없고 현재형으로 미래를 나타내므로 '보낼게요'는 그냥 送ります라고 한다.
日本語が上手だ(일본어를 잘하다)에 なる를 연결하면 上手になる가 된다.
なる는 1그룹 활용을 하므로 '잘하게 되어서'는 上手になって가 된다.

天才的な彼女

:: Point 1

① 私は日本語が話せます。

② また、会えますか？

③ うるさくて寝られません。

④ いつ来られますか？

⑤ あなたは何ができますか？

解説 ① 話す(1그룹) [す→せ+る] → 話せる(2그룹)
② 会う(1그룹) [う→え] → 会える(2그룹)
③ 寝る(2그룹) [る 떼고+られる] → 寝られる(2그룹)
④ 来る(3그룹) [무조건 암기] → 来られる(2그룹)
⑤ する(3그룹) [무조건 암기] → できる(2그룹)
가능형 동사는 모두 2그룹이 되므로 る를 떼고 활용 어미를 붙이면 된다.
그리고 가능형 동사는 '~이[가] 가능하다'라는 의미에서 목적격 조사 를 대신에 가를 사용한다.
즉 '~을[를] ~할 수 있다'는 「~が + 가능동사」의 형태로 암기해 두는 것이 좋다.

:: Point 2

① キムチを作ることができます[できるんです]。

② 両親には嘘をつくことができません[できないんです]。

③ 彼女をあきらめることができますか[できるんですか]？

④ 試合で勝つことができませんでした[できなかったんです]。

⑤ いつでも変えることができます[できるんです]。

解説 ① 作ることができる＝作れる
② 嘘をつくことができる＝嘘がつける
③ あきらめることができる＝あきらめられる
④ 勝つことができる＝勝てる
⑤ 変えることができる＝変えられる

:: Point 3

① 明日電話するように伝えてください。

② 忘れないようにメモします。

③ まるごと覚えるようにしてください。

④ 風邪を引かないように注意してください。

解説 伝える(전하다)의 て형은 伝えて, 忘れる(잊다)의 부정형은 忘れない이다.
'하세요'는 する를 써서 してください라고 한다.

① 将来を考えるようになります。

② 漢字が読めるようになりました[なったんです]。

③ 日本語が話せるようになりたいです。

④ 納豆が食べられるようになりました[なったんです]。

> **해설** なるは 1그룹 동사이다. (143p 참고)
> 가능형 동사의 앞에는 '〜을[를]'에 해당하는 조사로 が를 사용하는 것에 주의하자.

:: Reply

なおみさん、お久しぶりです。

もう韓国語が読めて、書けて、聞けるんですか？

[読むことができて、書くことができて、聞くことができるんですか？]

本当にすごいですね。

僕は2年勉強してやっと話せるようになりました。

やっぱり、外国語は女性の方が早いですね。

僕は最近バイトを始めたから、日本語の学院に行くことができません[行けません]。

それで、日本語を忘れないように日本のドラマを見続けています。

僕も日本語頑張りますから、なおみさんも頑張ってください。

> **해설** '계속 보고 있어요'는 먼저 見る와 続ける(계속 〜하다)를 연결해 見続ける(계속 보다)를 만든 후 이것을 다시 〜ている(〜고 있다)에 연결하여 見続けていますま로 만든다.
> 그리고 '열심히 할 테니'는 이유의 표현이니까 조사 〜から를 사용한다.

Mail 19 韓国の映画

:: Point 1

① 明日は晴れるそうです。

② 鈴木さんは病気だそうです。

③ 今日、日本は休みだそうです。

④ 修学旅行は楽しかったそうです。

⑤ タバコは吸わないそうです。

> **해설** 일본어의 전문은 각 품사의 현재, 부정, 과거, 과거 부정형에 そうだ를 연결하면 되므로 비교적 간단하다.
> 단, 명사의 경우 だ를 연결하여 「명사+だ(〜이다)」로 만든 후에 そうだ를 연결한다는 것에 주의하자.
> 休み(휴일) → 休みだ(휴일이다) → 休みだそうです(휴일이라고 합니다)

:: Point 2

① 彼は何でもおいしそうに食べます。

② 難しそうな数学の問題。

③ 新婦は幸せそうでした[そうだったんです]。

④ 田中さんは頭がよさそうです。

⑤ 太ってパンツが破れそうです。

> **해설** ① おいしい [い 떼고] → おいしそうだ → おいしそうに
> ② 難しい [い 떼고] → 難しそうだ → 難しそうな
> ③ 幸せだ [だ 떼고] → 幸せそうだ → 幸せそうでした[そうだったんです]
> ④ いい [무조건 암기] → よさそうだ → よさそうです
> ⑤ 破れる [ます형 어간] → 破れそうだ → 破れそうです

:: Point 3

① あの二人は結婚するらしいです。

② そのうわさは本当らしいです。

③ 最近、風邪が流行っているらしいです。

④ その薬は体にいいらしいです。

⑤ 斎藤さんは明日暇らしいです。

> **해설** 위 문장들은 다음과 같이 Point 1의 전문의 そうだ로 바꿔서 표현할 수 있다.
> ① あの二人は結婚するそうです。(= 결혼한다고 합니다.)
> ② そのうわさは本当だそうです。(= 정말이라고 합니다.)
> ③ 最近、風邪が流行っているそうです。(= 유행하고 있다고 합니다.)
> ④ その薬は体にいいそうです。(= 몸에 좋다고 합니다.)
> ⑤ 斎藤さんは明日暇だそうです。(= 한가하다고 합니다.)
> ② ⑤와 같이 명사와 な형용사는 らしい를 연결할 때는 だ를 생략하지만 そうだ를 연결할 때는 だ를 넣어야 하니 주의하자.

:: Point 4

① 最近の子供は子供らしくないです。

② やっぱりあなたらしかったです。

③ 女性らしい女性が好きです。(= 女らしい女の人が好きです。)

④ 男らしく一気飲みしてください。

> **해설** ① 子供らしい → 子供らしくない
> ② あなたらしい → あなたらしかった
> ③ 女性らしい＋女性
> ④ 男らしい → 男らしく
> ③에서는 위에서와 같이 두 가지 표현이 가능하다. 일본어에는 우리말 '여자'에 해당하는 표현으로 女, 女の人, 女性, 女子(じょし)가 있는데, 일반 회화에서 '여자'라고 할 때는 女の人나 女性를 사용한다. 그냥 女만을 사용하면 거친 표현이 되고, 女子는 다른 단어와 함께 사용하는 경우가 많다.
> ex) あの女性はきれいです。저 여자는 예뻐요. (= あの女の人はきれいです。)
> あの女は意地(いじ)が悪(わる)い。저 여자는 못됐다.
> 女子トイレ 여자 화장실

なおみさん、おはようございます。

昨日（きのう）の雨（あめ）は本当（ほんとう）にすごかったです。

ところで、また明日（あした）から台風（たいふう）が来（く）るそうです。

それで、ソウルは今（いま）にも雨（あめ）が降（ふ）りそうです。

「女王（じょおう）の女（おんな）」ですか？ もちろん、僕（ぼく）も見（み）ました[見（み）たんです]。

監督（かんとく）さんも俳優（はいゆう）さんもあまり期待（きたい）しなかったらしいですが、

本当（ほんとう）に人気（にんき）だったんです[人気（にんき）でした]。

女性（じょせい）より女性（じょせい）らしい男（おとこ）の人（ひと）が出（で）るんですよ[出（で）ます]。

言葉（ことば）は少（すこ）し難（むずか）しくても、内容（ないよう）はおもしろいと思（おも）います。

ぜひ、見（み）てください。

解説 ▶ '태풍이 온대요'는 전문의 そうだ로 台風が来るそうです가 되고, '비가 올 것 같아요'는 느낌의 そうだ로 雨が降りそうです가 된다.
'기대하지 않았던 것 같은데'는 들은 내용을 추측의 형태로 전달하는 것으로 期待しなかった에 らしい를 연결하고, 끝에 조사 が/けど(〜지만, 〜인데)를 붙여 期待しなかったらしいですが로 만든다.
'여자보다'는 조사 〜より(〜보다)를 사용하여 女性より가 되고, '여자다운'은 '〜다운'에 해당하는 らしい를 써서 女性らしい가 된다.

Mail 20 100日のお祝い

:: Point 1

① 私（わたし）は彼（かれ）にチョコレートをあげます。
② 彼（かれ）は私（わたし）に指輪（ゆびわ）をくれます。
③ おばあさんは孫（まご）にお菓子（かし）をあげます。
④ 私（わたし）は毎日（まいにち）猫（ねこ）にエサをあげます。
⑤ 彼女（かのじょ）は僕（ぼく）[私（わたし）]に勇気（ゆうき）をくれます。

解説 ▶ ① 나와 관련된 상황 – 주체 : 나 → あげる
② 나와 관련된 상황 – 주체 : ユ → くれる
③ 나와 관련 없는 상황 – 주체 : 할머니 → あげる
④ 나와 관련된 상황 – 주체 : 나 → あげる
⑤ 나와 관련된 상황 – 주체 : 그녀 → くれる
④와 같이 대상이 동물이나 식물이 되는 경우도 있다.

:: Point 2

① 私（わたし）は彼女（かのじょ）に韓国語（かんこくご）を教（おし）えてあげます。
② 彼女（かのじょ）は私（わたし）に日本語（にほんご）を教（おし）えてくれます。

③ お母さんは子供に本を読んであげます。
④ 彼女は僕[私]を信じてくれます。

해설) ① 나와 관련된 상황 – 주체 : 나 → あげる

教える＋あげる＝教えてあげる

② 나와 관련된 상황 – 주체 : 그녀 → くれる

教える＋くれる＝教えてくれる

③ 나와 관련 없는 상황 – 주체 : 어머니 → あげる

読む＋あげる＝読んであげる

④ 나와 관련된 상황 – 주체 : 그녀 → くれる

信じる＋くれる＝信じてくれる

각각의 동사 연결은 て형으로 한다는 것도 잊지 말자.

:: Point 3

① 私は父からお小遣いをもらいます。
② 父は私にお小遣いをくれます。
③ 社員は会社からボーナスをもらいます。
④ 会社は社員にボーナスをあげます。

해설) ① ③의 경우는 우리말을 순서대로 일본어로 옮기면 되지만, ②와 ④는 '주다'를 그 상황에 맞춰 あげる나 くれる로 옮길 수 있어야 한다.

② 나와 관련된 상황 – 주체 : 아버지 → くれる

④ 나와 관련 없는 상황 – 주체 : 회사 → あげる

:: Point 4

① 待ってくれてありがとう。
② 私も信じてあげたいです。
③ これをあげたら、何をくれますか[くれるんですか]？
④ 誰も私にそれを言ってくれませんでした[くれなかったんです]。
⑤ 子供にお金をあげないでください。

해설) ① '기다려 줘서'는 「待つ(기다리다)」＋「くれる(상대가 나를 기다려 주는 것이므로)」＋「て」를 연결한다.

② '믿어 주고 싶어요'는 「信じる(믿다)」＋「あげる(내가 믿는 것이므로)」＋「～たいです(~고 싶어요)」를 연결한다.

③ '이것을 주면'의 의미상 주어는 '나'이므로 동사는 あげる가 되고, 이것을 가정형 あげたら로 한다. 그리고 '무엇을 줄 거예요?'의 주어는 상대방이므로 동사는 くれる가 되고 이것을 くれますか나 くれるんですか로 만든다.

④ '말해 주지 않았습니다'는 상대방이 나에게 말해주는 것이므로 동사는 くれる가 되고, 이것을 과거형 くれませんでした / くれなかったです(주지 않았습니다)로 만들어 동사 言う(말하다)와 연결한다.

⑤ 상대방이 아이에게 돈을 주는 것이므로 나와는 상관없는 상황이다. 그러므로 동사는 あげる가 되고, 이것을 부정형으로 활용하여 でください에 연결하면 あげないでください(주지 마세요)가 된다.

:: Reply

なおみさん、こんにちは。
喜んでくれて、ありがとうございます。

100日にはだいたい男性が女性にいろんなイベントをしてあげるんです[あげます]。

バラ100本の花束をあげたり、指輪をあげたりします。

そして彼女はプレゼントをもらって、変わらない愛を約束するんです[約束します]。

私たちは恋人ではないんですが[ではないけど]、ただ100日だから…。

僕のメル友になってくれて、ありがとうございます。

これからもよろしくお願いします。

解説 '기뻐해 줘서', '친구가 되어 줘서' 모두 상대방이 그렇게 해 준 것이므로 喜ぶ(기뻐하다)와 友達になる(친구가 되다)에 ～てくれて를 연결한다.
'이벤트를 해 줘요'와 '꽃다발을 주기도 하고 반지를 주기도 해요'에서의 '주다'는 다른 사람들의 행동이므로 모두 あげる로 표현해야 한다.
'애인은 아니지만'은 恋人ではない(애인이 아니다)에 ～けどレ ～が를 연결하면 된다.

Mail 21 ロマンチックな韓国人の男性

:: Point 1

① 恋人はいないようです[いないみたいです]。
② 全部知っているようです[知っているみたいです]。
③ あの人がお父さんのようです[お父さんみたいです]。
④ 彼女はその言葉が嬉しかったようです[嬉しかったみたいです]。
⑤ 山本さんは魚が嫌いなようです[嫌いみたいです]。

解説 ③과 ⑤에서처럼 명사와 な형용사의 경우 ようだ를 みたいだ로 고칠 때 주의하자.
④ ⑤ 우리말 '～인가 보다'는 추측의 표현이다.

:: Point 2

① 発音がまるで日本人のようです[日本人みたいです]。
② 木村さんのような[木村さんみたいな]タイプが好きです。
③ 別人のようで[別人みたいで]びっくりしました。
④ 時間が夢のように[夢みたいに]流れました。

解説 ① まるで(마치)는 비유의 표현에서 ようだ, みたいだ와 같이 쓰이는 경우가 많다.
② 수식형「～のような / ～みたいな」로 표현
③ 연결형「～のようで / ～みたいで」로 표현
④ 부사형「～のように / ～みたいに」로 표현

:: Point 3

① 2に2を足すと4になります。
② 寒いと熱いお茶が飲みたいです。

③ 好きだと一生懸命にします。
④ 子供だと入場料は半額です。

해설 '～이[가] 되다'는 ～になる이다.

:: Point 4

① あの人は日本人でしょう。
② 今日は連絡があるでしょう。
③ スタイルを変えました。かわいいでしょう。
④ 日本に住みましたから[住んだから]日本語は上手でしょう。
⑤ 肉好きでしょう。たくさん食べてください。

해설 ①④⑤에서와 같이 명사와 な형용사는 だ를 떼고 でしょう를 붙이는 것에 주의하자.

:: Reply

なおみさん、こんにちは。

多くの人が韓国はイタリアのようだ[イタリアみたいだ]と言います。

にんにくと辛い食べ物が人をロマンチックにするみたいです[ようです]。

日本の女性は韓国の男性がドラマのように、

やさしいと思っているようですが[みたいですが]、ドラマはドラマです。

もちろん、やさしい人もいるでしょう。でも、みんなそうではないです。

僕のように[僕みたいに]、バカみたいな男もいるんです[います]。

実は僕、彼女がいたんですが[いましたが]、この間別れたんです[別れました]。

해설 '로맨틱하게 하다'는 な형용사 ロマンチックだ(로맨틱하다)를 부사형 ロマンチックに로 바꾼 다음 する를 연결한다. 비유 표현 '드라마처럼', '저처럼'은 ～のように나 ～みたいに로 하고, 수식형 '바보 같은'은 ～のようなや ～みたいな로 표현한다.
'남자'라는 단어도 '한국 남자'라고 할 때는 韓国の男性으로 표현하지만, 자신을 낮출 때는 男라고 표현하는 것이 자연스럽다.

Mail 22 ## ひょっとして、誤解?

:: Point 1

① 冗談で人を笑わせます。
② これは、いろいろ考えさせる問題ですね。
③ 子供に何をさせたらいいですか?
④ 待たせてごめんなさい。
⑤ 困らせないでください。

해설▶ ① 笑う(1ユ룹) [う→わ＋せる] → 笑わせる(2ユ룹) → 笑わせます
  ② 考える(2ユ룹) [る 떼고＋させる] → 考えさせる(2ユ룹)
  ③ する(3ユ룹) [무조건 암기] → させる(2ユ룹)
   가정형은 る 떼고＋たら → させたら
  ④ 待つ(1ユ룹) [つ→た＋せる] → 待たせる(2ユ룹) → 待たせて
  ⑤ 困る(1ユ룹) [る→ら＋せる] → 困らせる(2ユ룹)
   부정형은 る 떼고＋ない → 困らせない. 여기에 でください를 연결하면 困らせないでください

:: Point 2

① 本人に会わせてください。
② 説明させてください。
③ ちょっとだけ休ませてください。
④ 一人にいさせてください。

해설▶ ① 会う(1ユ룹) → 会わせる(2ユ룹) → 会わせて
  ② 説明する(3ユ룹) → 説明させる(2ユ룹) → 説明させて
  ③ 休む(1ユ룹) → 休ませる(2ユ룹) → 休ませて
  ④ いる(2ユ룹) → いさせる(2ユ룹) → いさせて

:: Point 3

① 誰のせいですか？
② それは教育のせいではありません[じゃないです]。
③ 子供のせいで頭が痛いです。
④ 人のせいにしないでください。

해설▶ ② 명사의 부정형「～ではありません / ～じゃないです」
  ③ 명사의 연결형「だ→で」
  ④ 人(사람)는 '남', '타인'이라는 의미로도 사용된다.

:: Point 4

① それが本物かどうか分かりません[知りません]。
② 明日会えるかどうか分かりません[知りません]。
③ 今家にいるかどうか分かりませんが[知りませんが]、電話してみます。
④ おいしいかどうか分かりませんが[知りませんが]、召し上がってください。

해설▶ ③④ 分かりませんが[知りませんが] 대신 分からないけど[知らないけど]도 가능하다.

:: Reply

なおみさん、こんにちは。

私たちのことは、なおみさんのせいではありません[せいじゃないです]。
僕の優柔不断な性格が彼女を怒らせたようです。

両親の反対もあったし[あって]…。

僕が彼女を泣かせたことが多かったんです。

これ以上彼女を不幸にさせたくなかったです。

忘れられるかどうか分かりませんが、頑張ってみます。

とにかく、心配させてすみません[ごめんなさい]。

해설 '화나게 한 것 같다'는 '화나게 하다'와 '것 같다'를 연결한 표현이므로, 怒る를 怒らせる로 만든 후에 ようだ나 みたいだ를 붙인다.
'있었고'는 '있었다'의 연결형이므로 ある의 과거형 あった에 し를 연결한다.
'울게 한 일'은 '울게 했던 일'이므로 泣く(울다)의 사역형 泣かせる를 과거형 泣かせた로 바꾸고 명사 こと를 연결한다.
'불행하게 하고 싶지 않았어요'는 '불행하게 하다'와 '하고 싶지 않았다'를 연결한 표현으로 不幸にさせる에 ~たくなかったです를 연결한다.

Mail 23　両親に反対されても

:: Point 1

① 子供は親に叱られます。
② 泥棒にお金を盗まれました。
③ 時々、先生に注意されます。
④ 会社で部長に誉められました。
⑤ 恋人に振られましたか？

해설 ① 叱る(1그룹) [る→ら+れる] → 叱られる
② 盗む(1그룹) [む→ま+れる] → 盗まれる
③ 注意する(3그룹) [암기] → 注意される
④ 誉める(2그룹) [る 떼고+られる] → 誉められる
⑤ 振る(1그룹) [る→ら+れる] → 振られる

:: Point 2

① 友達に悪口を言われました。
② 子供の時、親に死なれました。
③ いきなりお客さんに来られて困りました。
④ 昨日登山に行って、雨に降られました。

해설 ① ~に ~を言われる(~에게 ~을 듣다)
② ~に死なれる(~가 죽다)
③ ~に来られる(~가 오다)
④ 雨に降られる(비를 맞다)
~に 앞에는 피해를 주는 주체를 넣는다.

① お茶なら静岡のお茶がいいです。

② 楽しくないなら止めてください。

③ 嫌いなら食べないでください。

④ 買うなら安くします。

해설 ▶ なら를 사용해 가정형을 만들 때, 명사와 な형용사는 だ를 생략하는 것에 주의하자.

:: Point 4

① いくら頑張ってもできません。

② いくら頼んでも聞いてくれません。

③ いくら探してもないです[ありません]。

④ いくら高くても買います。

⑤ いくらきれいでも私のタイプじゃないです[ではありません]。

해설 ▶ 각 품사의 연결형 て형에 주의하자.
동사 : 그룹별 활용＋て
い형용사 : い 떼고＋くて
な형용사 : だ 떼고＋で

:: Reply

なおみさん、こんばんは。

実は彼女が僕より5才年上なんですよ。

最初は人にどう思われても自信があったんです。

でも、両方の両親に反対されるのはとてもつらかったです。

彼女は両親に無視されてもいいと言いましたが、

僕はやっぱり両親に認められたかったです。

しかし今は、彼女を忘れるのがもっとつらいですね。

해설 ▶ '생각되어도'와 '무시를 당해도'는 각각 思う의 수동형 思われる와 無視する의 수동형 無視される에 ～ても(～해도)를 연결하여 思われても, 無視されても로 만든다.
反対する(반대하다)의 수동형은 反対される이다.
認める(인정하다)의 수동형 認められる에 ～たかった를 연결하면 認められたかった가 된다.

まだ、愛しているのに…

Mail 24

:: Point 1

① 出発時間なのに、彼はまだ来ません[来ないんです]。

② 安いのに売れません[売れないんです]。

③ 好きなのになぜ言いませんか[言わないんですか]？

④ 電話したのに、連絡がないです[ありません]。

해설 ① ③ 명사와 な형용사는 だ를 떼고 なのに로 연결하는 것에 주의하자.

:: Point 2

① 説明のとおりしてみました。

② 思うとおりできません。

③ 聞いたとおり話してください。

④ おっしゃるとおりです。

:: Point 3

① 雨にもかかわらず試合を続けた。

② あの店は不景気にもかかわらずいつもお客さんが多い。

③ 彼は外国人にもかかわらず日本をよく知っています。

④ 隣にもかかわらず誰が住んでいるか分かりません。

:: Point 4

① 真剣に聞いてほしいです。

② 一緒に行ってほしかったです。

③ あの人は来てほしくなかったです。

④ 私のそばにいてほしいです。

해설 ② ～てほしかったです(～하길 바랐어요)나 ③ ～てほしくなかったです(～지 않았으면 했어요)와 같은 ほしい의 활용형에 주의하자.

:: Reply

なおみさん、こんにちは。

なおみさんのメールを読んで、いろいろ考えました[考えたんです]。

なおみさんの言うとおりです。

彼女は両親の反対にもかかわらず僕を選んだのに、僕が卑怯だったんです[卑怯でした]。

両親も僕が幸せになってほしいと思うから

もう一度両親と話してみます。

いいアドバイス、ありがとうございました。

해설 '행복해지길 바란다고 생각하니까'는 幸せになる(행복해지다), ～てほしい(～하길 바라다), ～と思う(～라고 생각하다)를 연결한 다음 이유를 나타내는 조사 から를 붙이면 幸せになってほしいと思うから가 된다.

愛のキューピッド

:: Point 1

① 二つ買えば安くします。
② お金があれば何でもできます。
③ 風邪はぐっすり寝れば治ります。
④ 明日は3時まで来ればいいですか？
⑤ お化粧をすればきれいになります。

해설 ▶ ① 買う(1ユ룹) [う→え+ば] → 買えば
　　　② ある(1ユ룹) [る→れ+ば] → あれば
　　　③ 寝る(2ユ룹) [る 떼ヱ+れば] → 寝れば
　　　④ 来る(3ユ룹) [무조건 암기] → 来れば
　　　⑤ する(3ユ룹) [무조건 암기] → すれば

:: Point 2

① 使わなければ返してください。
② 少しでも休まなければ疲れます。
③ 頑張らなければ上手になりません。
④ 夜遅く食べなければいいです。
⑤ 恋人がいなければ一人紹介しましょうか？

해설 ▶ ① 使う(1ユ룹) → 使わない → 使わなければ
　　　② 休む(1ユ룹) → 休まない → 休まなければ
　　　③ 頑張る(1ユ룹) → 頑張らない → 頑張らなければ
　　　④ 食べる(2ユ룹) → 食べない → 食べなければ
　　　⑤ いる(2ユ룹) → いない → いなければ

:: Point 3

① これは言わなければなりません[ならないです・いけません・いけないです・だめです]。
② 今回は必ず勝たなければなりません。
③ 明日は早く起きなければなりません。
④ 試験だから勉強しなければなりません。
⑤ なぜ、こうしなければなりませんか？

해설 ▶ ① 言う(1ユ룹) → 言わない → 言わなければ
　　　② 勝つ(1ユ룹) → 勝たない → 勝たなければ
　　　③ 起きる(2ユ룹) → 起きない → 起きなければ
　　　④ 勉強する(3ユ룹) → 勉強しない → 勉強しなければ
　　　⑤ する(3ユ룹) → しない → しなければ

:: Point 4

① できるだけ日本語で話してください。

② お酒はできるだけ飲まないでください。

③ できるだけ節約しています。

④ 野菜をできるだけたくさん食べましょう。

:: Reply

なおみさん、お久しぶりです。

ぜんぶ、なおみさんのおかげです。

何とお礼を言えばいいですか？

なおみさんは「すればできる」という言葉を新たに教えてくれました。

なおみさんのアドバイスがなかったら、僕はきっと後悔したと思います。

僕が9月には軍隊に行かなければなりませんので[行かなければならないので]、

できるだけ早く婚約をしようと思います。

そして、婚約してから日本に行くつもりですが、会ってくれますか？

その時はみんなで日本のジンロを飲みましょう。

本当にいろいろありがとうございました。

> **해설** ▶ お礼を言う(감사 인사를 하다)를 가정형으로 해서 いいですか(좋습니까?, 됩니까?)에 연결하면 お礼を言えばいいですか(감사 인사를 하면 됩니까?)가 된다. すればできる(하면 된다) 역시 する의 가정형 すれば에 できる(가능하다, 되다)를 연결한 것이다.
>
> '어드바이스가 없었다면'이라고 할 때는 たら를 사용하여 なかったら라고 한다.
>
> 言えば(말하면), すれば(하면)는 내용상 절대 조건이 되지만, なかったら(없었다면)는 뒤에 '후회를 했을지도 모른다'는 알 수 없는 결과가 오므로 たら로 연결하는 것이 자연스럽다. (192p 참고)
>
> '군대에 가야 한다'는 '가지 않으면 안 된다'로 표현하므로 行かなければなりません이 된다.